HUBERTINE AUCLERT

LES FEMMES ARABES EN ALGÉRIE

Polygamie
Le Coût de l'adultère
Durée de la gestation chez les Musulmanes
Féministes au 13ᵉ siècle
Où la prostitution est un sacerdoce
Les Arabes sans représentant au Parlement

PARIS
SOCIÉTÉ D'ÉDITIONS LITTÉRAIRES
4, RUE ANTOINE-DUBOIS, 4
PLACE DE L'ÉCOLE-DE-MÉDECINE

1900

LES FEMMES ARABES EN ALGÉRIE

HUBERTINE AUCLERT

LES FEMMES ARABES EN ALGÉRIE

Polygamie
Le Coût de l'adultère
Durée de la gestation chez les Musulmanes
Féministes au 13e siècle
Où la prostitution est un sacerdoce
Les Arabes sans représentant au Parlement

PARIS
SOCIETÉ D'ÉDITIONS LITTÉRAIRES
4, RUE ANTOINE-DUBOIS, 4
PLACE DE L'ÉCOLE-DE-MÉDECINE

1900

LES FEMMES ARABES

La Francisation et les Femmes

> Le patriotisme et l'amour de la liberté inspirent le respect de la patrie et de la liberté des autres.

Quand on aborde à ce paradis terrestre, Alger (en descendant du bateau où tant d'honnêtes gens parlaient du moyen licite d'acquérir cent hectares de terre en prêtant à l'Arabe, qui les possède, vingt-cinq louis), ce qui frappe immédiatement, c'est de voir dans la lumière éclatante, sous le ciel si bleu, sur le pavé étincelant comme de l'acier, de choquants paquets de linge sale.

Ces paquets se meuvent, ils s'avancent ; alors, on distingue qu'ils sont portés par des pieds poussiéreux et dominés par une tête tellement parcheminée, décrépite, ravinée, hachée, que ce n'est plus une figure humaine ; c'est la statue de la souffrance, personnifiant une race torturée par la faim.

Ces créatures sans âge ni sexe, qui heurtent et détonnent dans ce cadre féérique, avec leurs haillons autrefois blancs, ne sont point des vieillardes, elles viennent d'être maman. Un adorable poupon est sur leur croupe, entortillé dans un pan de *haick*.

Femmes d'expropriés, bouches affamées de trop dans leur tribu, elles vaguent, pauvres femelles, repoussées de partout, traquées brutalisées, insultées dans toutes les langues, par toutes les races qui se sont installées sur le territoire de leurs pères.

Quand, exténuées, elles veulent faire halte, s'accroupir pour donner le sein a leur enfant, il se trouve toujours quelqu'un pour leur dire qu'elles salissent la terre et pour les bousculer, en criant que leurs poux gênent la circulation.

Mais la faim parfois a tari le sein des mères ; alors, de crainte que les bébés, à force de jeûner, ne deviennent dans leurs bras des cadavres, ces femmes héroïques leur donnent à sucer du sang qu'elles font jaillir de leurs veines !....

En Algérie, il n'y a qu'une toute petite élite de Français qui classe dans l'humanité la race arabe.

Pour les étrangers, les fonctionnaires, les israélites, les colons, les trafiquants, l'Arabe, moins considéré que ses moutons, est fait pour être écrasé. Le refouler dans le désert pour s'emparer de ce qu'on ne lui a pas encore pris, tel est le rêve.

L'Algérien, qui a déclaré que le fanatisme rendait les Arabes incivilisables, s'obstine à ne rien tenter pour les tirer de l'ignorance, si favorable à l'exploitation et à la domination. Il emploie pour son usage l'argent prélevé sur eux ; aussi, les indigènes disent : — « On a organisé entre les Européens et nous, sous prétexte de solidarité, un ingénieux système de bourse commune, où notre main a pour fonction unique, de verser sans relâche et la leur de puiser librement ».

Quand on a assez regardé les moukères, vrais squelettes vivants, en pensant que l'écrin est trop splendide pour contenir d'aussi affreux bijoux, le cicerone qui vous devine dit finement : — « Il y en a de belles ! » et son doigt levé indique, au haut de l'amphithéâtre algérien, un empilement de gros morceaux de sucre, bizarrement dégringolés. Ce sont des maisons à terrasses de neige et à volets multicolores. Si curieusement on l'interroge sur ce spectacle de blancheurs estampées d'indigo, il répond en clignant de l'œil et en souriant malicieusement : « C'est la Casbah ! »

Ce quartier arabe, qui a pris le nom de l'ancienne citadelle, évoque avec un monde de visions paradisiaques, des pensées folâtres ; car s'il renferme des maisons hospitalières, il recèle aussi la musulmane tenue sous clef par l'arabe jaloux.

Ce vieux coin, moins sûr, dit le conseiller *Ben-Larbey* que la forêt de *Yakouren*, est un embrouillement de ruelles, d'impasses en escaliers, que les maisons, en se penchant les unes vers les autres, rendent sombres comme des tunels. On voit parfois, à une clarté, un homme baignant dans son sang, une femme poignardée et toujours une porte entre-bâillée, laissant apercevoir l'intérieur d'azur d'une maison équivoque.

L'insécurité fait fuir les Maures aisés et les immeubles, dont les collectionneurs disputent à l'Etat les vieilles ferrures et les faïences anciennes, se louent difficilement.

Toutes les races qui peuplent l'Afrique se meuvent à la Casbah. Le curieux, c'est que chacun vit là sans souci de son voisin et que tous conservent, avec leur costume, leurs habitudes et leurs mœurs.

L'indépendance de caractère dont les africains font preuve en agissant ainsi, peut servir de leçon aux peuples civilisés qui attachent tant d'importance à l'opinion de leurs semblables.

On ne voit partout que des hommes circuler, vendre, acheter, travailler ; le seuil des portes, les marches des escaliers, oreillers naturels des *yaouleds* (petits garçons), servent aux dévideurs de soie et aux brodeurs de cuir, d'ateliers.

Ce quartier, qui a comme les villes arabes de l'intérieur, l'aspect d'un monastère d'hommes, a aussi celui d'un bateau de fleurs. Les relations des sexes y sont sans mystère ; non seulement, les Oulad-Naïls, étendues sur des coussins, parées et couvertes de bijoux, s'offrent à l'adoration des passants comme les madones sur les autels ; mais il n'est pas rare de voir des couples se sourire, s'embrasser, s'enlacer, s'étreindre, se culbuter sur le pavé et sans souci des passants, comme s'ils étaient cachés par une dune dans un replis du désert, s'abandonner en pleine voie publique, aux transports de l'amour !.......

Les Arabes à haute stature, sorte de sphinx drapés que l'on rencontre dans les rues tortueuses de la Casbah, ne ressemblent en rien aux kabyles à la tunique tissée de laines d'éclatantes couleurs, qui crient à cinquante pas d'eux : « Carbône ! Carbône ! des eifs « m'odam ! des aranges » fines ! fines ! ».

Type différent encore, le restaurateur auquel le client achète du dehors des paquets de sardines, des gâteaux au miel, au vermicelle, des quartiers de radis vinaigrés, des piments frits, des œufs rouges et enfin les fameuses brochettes de bouchées de viande, de foie, de rognons. La loubia pimentée et le kouscous.

Chacun de ces plats coûte un sou, l'eau limpide que les arabes boivent au broc à tour de rôle et les Européens dans des verres, est donnée pour rien.

La diversité des races et des types s'accuse surtout dans les cafés maures, où les arabes de toutes régions et de toutes conditions se donnent rendez-vous. Le café maure est une grande salle sans fenêtres qui a pour meubles des nattes, quelques bancs, le fourneau de faïence sur lequel se prépare le kahoua (café) et l'étagère où sont rangées les tasses minuscules, la boîte au sucre et la boîte au moka embaumant.

Tout ce qu'il y a de curieux dans le monde arabe se montre dans le café maure ; on peut y rencontrer aussi bien un lion apprivoisé, que des aïssaouas avalant des sabres et des charbons ardents. A certains jours de fête, des Oulad-Naïls viennent y danser. Les fous, qualifiés de saints par les indigènes, y sont bien accueillis et les devineresses qui prédisent l'avenir y sont fêtées et très écoutées.

En buvant la tasse de *Kahoua* d'un sou, on joue, on joue parfois jusqu'à ses femmes !... et l'on se raconte les méfaits des vainqueurs...

Ces hommes que la passion du jeu et l'impatience du joug rassemble, sont souvent absolument dissemblables, ils diffèrent moralement et physiquement. L'autorité, suivant qu'elle est de bonne ou de méchante humeur, tient ou ne tient point compte, au point de vue juridique, de leurs mœurs et de leurs coutumes ; au point de vue administratif en bloc elle les annihile, elle en fait des moutons afin de leur prendre plus facilement leur toison.

Les Arabes qui forment presque la totalité des habitants du pays — ils sont trois millions sept cent cinquante mille sur quatre millions quatre cent trois mille habitants dont se compose la population de l'Algérie — ne sont pas, ou ne sont que dérisoirement représentés, dans les assemblées qui ont pour but de s'occuper des intérêts de l'Algérie.

En commune de plein exercice, les indigènes nomment des conseillers de leur race dont le nombre ne peut dépasser le quart des Français élus. Naturellement la majorité européenne se coalise contre la minorité africaine.

Ces parias, conseillers de parias, n'ont le droit d'élire ni le maire, ni les adjoints. Inutile de dire qu'ils ne peuvent défendre avec profit les intérêts de leurs mandants ; aussi ne cessent-ils de réclamer contre l'injustice des vainqueurs.

Voici à titre de curiosité une de leurs protestations :

« Messieurs,

« Le peuple corse, qui vous a donné tant d'illustrations, a combattu la France pendant six siècles. Vous n'ignorez pas que ce peuple a du sang arabe ?

« La France a mis soixante ans à faire la conquête définitive de l'Algérie. Pendant ce temps, nous vous avons combattus, comme il appartient à tout patriote de défendre son sol. Mais, maintenant que les combats ont cessé entre nous, nous reconnaissons que Dieu, maître des destinées des peuples, vous a donné l'Algérie et nous nous inclinons avec le plus profond respect devant cette décision divine.

« Nous acceptons votre domination, et cette acceptation nous oblige à marcher avec vous. Vous êtes le corps d'armée ; nous sommes l'arrière-garde, partageant votre sort, heureux, si vous êtes victorieux, malheureux si vous succombez.

« Vous êtes nos aînés de six siècles. Cette qualité vous impose l'obligation de nous donner des exemples de *morale* et de *justice*.

« Nous accepterons avec reconnaissance toutes les leçons que vous nous donnerez, pour pouvoir marcher de concert avec vous à la prospérité des peuples français et musulman, entre lesquels il ne doit plus y avoir de motifs de discorde. Qui dit français doit pouvoir dire arabe, et qui dit arabe doit pouvoir dire français.

« Nous avons, en 1884, protesté contre l'injuste restriction des droits que la loi nous avait précédemment accordés et qui consistaient à participer à l'élection de la municipalité et des délégués sénatoriaux.

« Y a-t-il danger à ce que nous prenions part à l'élection du maire et des adjoints ? A mon avis, il n'en existe ni pour cette élection, ni pour celle des délégués sénatoriaux.

Ce danger ne peut exister que dans l'esprit de ceux qui ont intérêt à semer et sèmeront toujours la division entre Français et musulmans.

« C'est contre cet esprit déloyal et dangereux que nous devons nous unir, messieurs, dans un commun effort. En France on commence à comprendre le parti puissant qu'on peut tirer de l'union des deux peuples ; j'ai la conviction que nous marcherons tous dans ce sens et que vous approuverez ma motion.

« Ali Ben Omar Bourmady. »

Le docteur *Ben Larbey*, conseiller général d'Alger, trouve que la représentation indigène est vraiment trop infime ; il voudrait que les arabes prennent part aux différents votes politiques — législatifs, sénatoriaux — et qu'une délégation musulmane soit envoyée à Paris près du gouvernement de la République. « On n'aura, dit-il, les arabes que par les arabes ! »

Dans les communes mixtes, les Arabes font

en bien plus grand nombre que les Français partie de la commission municipale; seulement, au lieu d'être nommés à l'élection comme les Français, ils sont nommés par l'administrateur.

Ce ne sont donc pas des défenseurs des habitants des douars qu'ils représentent. Ce sont simplement des moutons qui, par leur nombre, assurent l'autorité de l'administrateur à la commission municipale. Le burnous rouge qui les enveloppe est paraît-il plus souvent attribué à celui qui le paie, qu'à celui qui serait en droit de le porter.

Six Arabes, sous le nom d'assesseurs musulmans, siègent et délibèrent au Conseil général d'Alger, d'Oran et de Constantine. Ces assesseurs au lieu d'être élus par les indigènes, ne sont que nommés par le gouverneur général; aussi, ils représentent beaucoup moins leurs coréligionnaires, que les intérêts et les caprices des gouverneurs, qui les ont introduits dans les assemblées départementales.

En la Chambre des délégations financières

qui examine le budget et s'occupe de toutes les affaires de l'Algérie, les colons et les Algériens, qui sont 384.000, ont 48 délégués. Les Arabes, qui sont 3.750.000, n'ont que 9 délégués pour les territoires civils, 6 pour les territoires de commandement, 6 pour les pays Kabyles. En tout 21 délégués seulement. Mais cette minorité infime permettra aux spoliés de prendre position dans l'administration de leur pays.

Au Conseil supérieur, composé de 63 membres, siègent trois musulmans appartenant aux délégations financières et trois notables indigènes nommés par le gouverneur.

Tout le monde sait que les indigènes ne sont pas représentés au Parlement. Cependant l'intérêt que les candidats ont à augmenter avec le nombre des électeurs, celui des sièges législatifs, a depuis longtemps fait proposer de leur conférer les droits civiques.

Ce sont des députés élus en France qui proposent d'accorder aux Arabes les droits de citoyens français ; d'aucuns, disent qu'au lieu de rapporter le décret Crémieux il faut appeler les indigènes à exercer leurs droits politiques et à l'aide de leur influence, contrebalancer l'excès d'influence juive.

Cette solution mettrait fin aux troubles de notre belle colonie ; car, en réalité qui est-ce qui cause les querelles entre naturalisés et israélites ?

— C'est cette proie, l'arabe dont on se dispute l'exploitation. Si l'on faisait l'arabe égal de ses spoliateurs algériens et juifs, immédiatement ceux-ci cesseraient de se combattre.

Les naturalisés et les fonctionnaires, dont les juifs plaçaient l'argent à gros intérêt, s'étant assimilé leur méthode, n'ont maintenant plus besoin d'intermédiaires et voudraient seuls empocher les gains usuraires en Algérie.

Le plus grand péril pour la colonie, est le péril étranger. Les étrangers sont en Algérie plus maîtres que les Français. Ils accaparent le travail, les emplois et en raison de leur quantité, ils gouvernent le pays.

Puisqu'en vertu de leur supériorité numérique les naturalisés administrent la colonie, pourquoi les arabes qui représentent par leur nombre le dixième des habitants de la France n'auraient-ils pas leur place au Parlement ?

Les arabes ont en Algérie plus que personne des intérêts à sauvegarder ; ils devraient avoir au moins voix au chapitre, quand il s'agit de décider de ce qui a trait à leur pays. Or, ils n'ont pas de mandataires à la Chambre.

Leur exclusion politique en les rabaissant socialement, les écrase économiquement. Parce qu'ils ne votent pas, les arabes ne peuvent manger, leur travail étant, en raison de leur condition abjecte déprécié, non rétribué à sa valeur.

Pendant qu'ils ne voteront pas, personne ne remarquera ni la vive intelligence, ni la grandeur de caractère, qui feront des arabes francisés une élite en l'humanité.

Pour pouvoir exister individuellement et

collectivement, pour être à même de défendre leur personne et leurs biens, il est indispensable que les indigènes d'Algérie soient armés du bulletin de vote.

L'arabe mérite-t-il d'être francisé ?

En les convulsions algériennes, les Arabes seuls ont gardé leur sang-froid. Ils ont très dignement refusé de se solidariser avec les sémites ou les antisémites. La France a donc en eux de loyaux auxiliaires, des instruments de pacification auxquels il est urgent de donner le droit de la servir.

Le tact, la haute raison se rencontrent communément chez les indigènes.

On est parfois surpris, saisi d'admiration, en entendant la sagesse parler par la bouche du majestueux peuple arabe. Si on le juge d'après sa miniature, l'enfant, on ne peut, en voyant les jeunes indigènes si intelligents, si espiègles, qui font comme la mer, les fleurs, la verdure éternelle, partie du décor algérien, dire qu'il est de race inférieure.

Quels enfants européens, sauraient comme les jeunes arabes se tirer tout petits eux-mêmes d'affaire ? Dès qu'ils peuvent marcher et bégayer, ces beaux enfants aux grands yeux veloutés vous suivent pieds nus, ils courent sur vos talons en vous demandant à porter... même le journal que vous avez à la main. Ils sont parfois si petits et si mignons, que l'on a la tentation de les soulever de terre et de les porter, ces obstinés porteurs, un bout de chemin.

Dans les rues d'Alger, souvent il faut bousculer et pour pouvoir passer, marcher presque sur une nuée de petits commissionnaires, petits *ciris* de trois à dix ans, qui jouent comme des enfants, quand ils ne cirent, ni ne portent, comme des hommes.

Ces oisillons arabes s'abattent en bande

autour de l'Européen dont ils se disputent le sourire et les sous. Quand l'Européen marche ils lui cornent aux oreilles : « Porter m'siou ! » Dès qu'il est assis, ils s'emparent de chacun de ses pieds et font reluire ses souliers. L'opération terminée, le *ciri* demande son salaire, deux sous, en frappant ses brosses l'une contre l'autre ; puis, il court à la recherche de nouveaux clients.

L'Impôt

Sur les Yaouleds (Petits garçons)

La courroie de leur boîte à cirer passée en sautoir, ces yaouleds sont si industrieux, si ingénieux, que le conseil municipal d'Alger a férocement arraché de leurs bouches enfantines, une miette de pain gagnée, en leur imposant une contribution de soixante-quinze centimes par mois. Cette taxe doit être payée d'avance. Quand elle n'est pas versée le 7 du mois, les pauvres petits sont battus et assujettis à une amende qui peut être de deux francs ?

Les édiles algériens n'auraient-ils pas mieux fait d'imposer les cerceaux et les billes des riches enfants étrangers, plutôt que de mettre une taxe sur le couffin et la boîte à cirer des petits arabes et des petits juifs ?

Ce n'était point une contribution qu'il fallait exiger de cette marmaille obligeante et encombrante, mais quelques heures d'école.

L'arabe veut-il être assimilé ?

Aucun vainqueur, parmi les plus civilisés, n'a encore interrogé ceux qu'il a assujettis sur leurs intentions ou leurs aspirations.

Les sénateurs et députés qui, sous prétexte

d'enquêter, vont aux frais des contribuables visiter notre belle colonie, en reviennent la langue faite par ses exploiteurs : les vautours algériens et les criquets de l'administration. Pour des élus, les non-votants sont nécessairement toujours des boucs émissaires et les législateurs livrent aux électeurs spoliateurs la proie arabe.

Quand les politiciens veulent pressentir les indigènes relativement à l'assimilation, à l'instruction et aux affaires d'Algérie, savez-vous ce qu'ils font pour pénétrer les secrets désirs des masses indigènes ?

— Ils interrogent leurs chefs ! Pendant une *diffa*, ils demandent à l'amphitryon : Etes-vous content des écoles primaires ?

— Elles ne servent, affirme celui-ci, qu'à encanailler les *fellahs*. Ce sont de bonnes médersas (écoles supérieures) où nos fils apprendraient à maintenir les traditions aristocratiques de notre race qu'il faudrait, Messieurs les députés.

Les enquêteurs oubliant que le maréchal

Bujeaud (1) a dit que la civilisation de l'Algérie viendrait plutôt du dessous que du dessus, promettent d'employer les fonds votés pour créer des écoles primaires, à réorganiser les médersas.

Vos tribus interrogent-ils ensuite, veulent-elles être assimilées ?

— Non, non, répondent en chœur les *Cheiks !*... Et les législateurs repartent éclairés !

Il n'est venu jusqu'ici à aucun de nos hommes politiques, cette pensée simple qu'eût eue d'abord toute femme. C'est que les intérêts du peuple arabe et de ses chefs étaient diamétralement opposés et que, si ceux-ci refusaient l'assimilation, il y avait lieu de croire que ceux-là l'accepteraient avec joie.

Le peuple arabe a en effet tout à gagner à devenir français ; ses maîtres, eux, ont à perdre en même temps que leurs privilèges, leur meilleure source de revenus.

Car, les chefs collecteurs n'ont pas seule-

(1) Appelé par les Arabes Bouchiba (père la blancheur).

ment l'honneur de porter le bâton surmonté d'une pièce de cinq francs, ils ont droit au dixième des impôts qu'ils prélèvent. Sur un seul des impôts arabes, ils touchent 1.297.600 francs.

Et ces sortes de trésoriers généraux renonceraient aux rentes qu'ils se font pour entrer dans les vues de la masse arabe déshéritée? — Personne ne le croira!

Les élus sont inaptes à enquêter en Algérie, car, ils sont incapables d'entendre par leurs oreilles, de regarder par leurs yeux et de tenir compte des *desiderata* des non-votants qui pour eux ne comptent pas.

Il n'y a que les femmes qui soient en état d'enquêter en Algérie, parce qu'étant dans la situation des Arabes, comme eux hors le droit, elles ne peuvent leur faire un reproche de leur exclusion politique.

Des femmes enquêteuses songeraient à prendre l'avis du peuple arabe avant de consulter les présidents de douars. Elles interrogeraient les êtres qui chez les conquis sont les plus opprimés, les plus privés de liberté : les femmes arabes.

Si à ces femmes cloitrées, murées comme des carmélites auxquelles, quand il n'y a pas de mâles dans leur famille pour se l'attribuer, l'Etat français extorque les deux tiers de la succession paternelle.

Si à ces enterrées vivantes qu'un mari peut étrangler sans être inquiété, on posait ces questions :

« Voulez-vous une loi commune pour les Français et les Arabes ?

« Voulez-vous pouvoir aller et venir librement ?

« Voulez-vous être soustraites au trafic dont vous êtes l'objet ?

Elles répondraient avec enthousiasme : oui !

Le rêve des musulmanes dont la vie s'écoule dans les cours intérieures et dans des maisons sans fenêtres, est d'être assimilées aux françaises, affranchies de la réclusion. Les mahométanes envient autant le sort des européennes, que les oiseaux en cage envient le sort de ceux qui volent dans l'espace. !

Par quelle attitude ravie, elles exprimeraient leur adhésion à l'assimilation ; seulement, ces premières intéressées à la chose ne seront par interrogées. Les sénateurs et députés voyageant en Algérie voudraient-ils le faire, que cela leur serait impossible. Les musulmanes étant invisibles pour les hommes ; ne pourraient pénétrer jusqu'à elles que des femmes.

La famille musulmane est inaccessible aux hommes à ce point que le gouvernement français n'ayant que des contrôleurs mâles, est présentement dans l'impossibilité de faire constater chez elle les délits d'état-civil.

Il y a en Algérie, bien des fonctions que seules les femmes pourraient remplir.

Les vainqueurs seraient mal avisés, si par faute de fonctionnaires féminins ils négligeaient de mettre dans la balance pour la faire pencher de leur côté, l'opinion des femmes arabes qui ont tant aidé leurs maris à défendre contre nous, pied à pied, le sol de leur patrie. Si nos soldats leur coupaient les oreilles pour s'approprier leurs grandes boucles d'or ou d'argent massif, elles mettaient, elles, à mutiler les envahisseurs, d'incroyables raffinements de cruauté.

Pour connaître véritablement l'avis du monde arabe sur l'administration à donner à l'Algérie, il faudrait à côté des hommes, des femmes enquêteuses.

Ces femmes, quelque peu initiées à la langue arabe, n'exciteraient pas plus la méfiance qu'elles ne blesseraient la susceptibilité musulmane. Sous un prétexte quelconque, en vue par exemple d'établir l'état-civil des femmes indigènes, elles porteraient la francisation à domicile.

En pénétrant sous les tentes et dans les maisons aux portes verrouillées, elles familiariseraient les musulmanes avec notre manière de vivre et de penser. Les Arabes déjà très admirateurs des qualités utilitaires de la Française seraient en la voyant communiquer son savoir faire à leurs compagnes, moralement conquis à notre pays.

Wagons pour Arabes

Si les Algériens, qui ne sont pas pour le rapprochement des races, ne vont jamais se promener le samedi de peur d'être pris pour des juifs, ils n'entendent point non plus frayer avec les Arabes ; aussi protestent-ils contre la présence des indigènes dans les compartiments de chemin de fer réservés aux voyageurs. Les Arabes ne sont, paraît-il, ni des humains, ni des voyageurs et l'on demande gravement que les compagnies de chemins de fer aient pour les indigènes comme elles ont pour les bestiaux, des wagons spéciaux. Attendu, qu'il est répugnant de s'asseoir auprès de dépouillés mal vêtus.

Aux stations, Algériens et étrangers usent

de violence pour empêcher les Arabes de monter dans leurs compartiments et quand les commissaires de surveillance des gares se montrent humains, prêtent main forte aux malheureux indigènes, ils sont dénoncés.

Chacun se fait un jeu de torturer les Arabes, de les injurier et de les frapper, sous l'œil bienveillant de l'autorité ; quand ce n'est pas l'autorité elle-même qui les brutalise, comme le prouve la plainte ci-dessous :

« Monsieur le Maire,

« Hier matin, je me promenais paisiblement rue Sidi-Allal avec un camarade, lorsque l'agent n° 69 s'est approché de moi et, sans provocation aucune de ma part, m'a frappé d'un violent coup de pied et de trois gifles. J'ai été tout surpris de cette algarade et les témoins en ont été indignés ; sans ma patience et mon sang-froid, un mauvais parti allait être fait au dit agent. J'ai protégé sa fuite, me promettant d'avoir raison de son forfait en m'adressant à vous. Je crois avoir bien fait.

« Il n'y a eu, Monsieur le Maire, je me complais à le répéter, ni provocation, ni dispute, ni cris séditieux, ni quoi que ce soit ayant pu nécessiter l'intervention du dit agent, à plus forte raison l'assommade dont j'ai été victime.

« Je n'ai jamais été en prison, je n'ai jamais eu un seul procès-verbal ; j'ignore donc totalement les causes qui l'ont fait agir ainsi.

« Je ne doute pas, Monsieur le Maire, que vous n'ordonniez sa révocation immédiate.

« Veuillez agréer, etc.

« M'AHMED BEN MOHAMED. »

Cette agression démontre qu'il est bien temps de mettre la proie arabe en état de se défendre, en l'armant du *bulletin*.

M. Henri Rochefort, qui a, le premier, dénoncé la cruauté envers les indigènes, est très aimé d'eux. En entendant prononcer son nom, des arabes s'écrient : « Rochefort ! C'est mon père ! »

Quel est le barbare ?

On pourrait croire que c'est le vainqueur plutôt que le vaincu.

Les administrateurs adversaires de l'assimilation, qui les feraient disparaître, éloignent de nous les musulmans au lieu de les rapprocher. Ils les scandalisent tellement par leurs brutalités et leurs injustices — les brisant quand ils refusent de dénoncer, de calomnier leurs subordonnés — que malgré le souvenir des excès reprochés aux Bureaux arabes, nos indigènes d'Algérie réclament énergiquement leur rétablissement, c'est-à-dire le remplacement de l'autorité civile, qui les méprise, par l'autorité militaire qui, au moins, respectait leur vaillance.

Les agents de l'administration ne se contentent pas d'insulter les Arabes, de les appeler *Bicot*, *Kebb* (chien), ils les frappent à coups de pieds et de canne ; récemment, un riche propriétaire indigène fut maltraité devant sa famille et ses serviteurs ; l'administrateur alla jusqu'à lui tirer la barbe.

Loin de la mère-patrie, les hommes qui vivent entre eux, privés de l'élément féminin, retournent à l'état sauvage ; on ne peut s'expliquer autrement, la cruauté des fonctionnaires envers les indigènes.

Dans les communes, ils profitent de l'établissement de l'état-civil des Arabes, pour leur donner des noms patronymiques tellement odieux, obscènes ou ridicules, que le ministre de la Justice a été obligé d'appeler l'attention du Conseil supérieur, sur cette inconvenante façon d'agir (sic).

On croirait qu'il est impossible, aux fonctionnaires algériens, de passer près d'une moukère sans la souffleter d'un mot grossier.

Chaque jour, de nouvelles injures sont crachées à la figure des pauvres musulmanes, qui passent sur les chemins, courbées sous un chargement de bois mort.

Certainement, ces messieurs préféreraient

rencontrer les reines de beauté qui, à leur approche des tentes, s'enfuient toutes blanches, battant l'air de leurs bras et donnant à leur voile des allures d'ailes de colombes effrayées; mais doivent-ils s'oublier au point d'outrager, dans la moukère, tout le sexe féminin ?

Outrepassant la cruauté des chefs, le garde-champêtre, parfois saisit et fait transporter à son domicile, pour son usage personnel, les chargements de fagots dont vivent les pauvres vieilles indigènes. En guise de paiement on donne à la mauresque affamée, une vingtaine de coups de canne.

L'Algérie, qui est actuellement une vaste prison où l'Arabe maltraité n'a pas souvent le morceau de pain dû au prisonnier, doit, selon le désir du général Bugeaud, qui voulait, après l'épée, faire passer la charrue, devenir une colonie agricole et industrielle. Les gardes-chiourme, appelés administrateurs, seraient donc avantageusement remplacés par des praticiens agricoles, aptes à mettre en valeur le pays.

Ce qui presse surtout, c'est de sillonner notre Afrique du Nord de routes et de chemins de fer, afin que colons et indigènes puissent tirer profit de leurs produits. Présentement, les moyens de transport sont tellement restreints et onéreux, qu'ils condamnent le producteur ou à consommer sur place ou à laisser perdre sa récolte, faute de pouvoir aller la vendre ailleurs. Aussi, n'est-il pas rare de voir des villages entiers saisis à la requête du fisc, parce qu'ils n'ont pu faire face aux obligations contractées.

L'Algérie, qui n'a pas de chemins, est envahie par la statuomanie. Les Français trouvent de mauvais goût que l'empereur Guillaume rappelle les victoires allemandes et ils l'imitent. Ils entretiennent la rancune chez les Arabes belliqueux en leur mettant sous les yeux la figure de tous les généraux qui les ont vaincus. Comme si en humiliant une noble race on conquerrait son amitié !

On s'exerce en l'art de tourmenter les Arabes. Au lieu de supprimer, on a prorogé pour sept ans la loi sur l'indigénat qui empêche l'Arabe d'habiter où il veut, d'aller et venir comme il l'entend, de faire sans autorisation un repas public, de tirer un pétard pour une naissance ou un mariage, de sortir de chez lui sans un permis de voyage visé à tout bout de champ... La loi sur l'indigénat fait, sans motif, interner dans le désert, même les Arabes riches qui déplaisent à l'administrateur.

Les indigènes sont écrasés d'amendes et d'impôts spéciaux, qui s'additionnent pour eux aux impôts algériens. Ils ont d'abord à acquitter la dime des bestiaux le *Zeckkat*, la dîme des récoltes l'*Achour*, la *Lezma* en Kabylie. Le désordre et le bon plaisir régissent les Arabes. Des décharnés mourant de faim sont soumis parfois à de grosses taxes.

Solidairement responsables des forfaits qui se commettent, les Arabes sont de par la loi du 17 juillet 1874, tenus collectivement de payer les dégâts des incendies qui se produisent sur les communaux de parcours de leur territoire. Des tribus sont, pour ce fait, tellement frappées, qu'elles ne peuvent plus ni produire ni payer d'impôts.

Cet excès d'injustice révolte l'innocence et lui fait rechercher les coupables pour lesquels elle expie. Ruinés par les incendies, les habitants d'un *douar* s'étaient dernièrement portés en masse au devant d'une locomotive dont le charbon incandescent, en tombant et les flammèches emportées par le vent, mettaient le feu aux herbes sèches et aux lentisques qui bordaient la voie ferrée ; ils voulaient arrêter le cheval-vapeur incendiaire et le conduire devant les tribunaux...

Il fallut toute l'énergie du chef de train pour éviter de broyer ces justiciers désespérés.

Pauvres indigènes, boucs émissaires, ce ne sont pas des locomotives qui embrasent les forêts, ce sont ceux qui ont intérêt à dénuder la terre où elles sont plantées, pour pouvoir se l'approprier et vous en chasser.

Les incendiaires, assez rusés pour s'affubler d'un burnous, vont avoir bien peur, maintenant qu'un rapporteur de budget a déclaré que, quand les amendes collectives ne suffiraient pas pour punir les indigènes, on transférerait en masse la population des *douars* coupables dans le sud. Le prétexte du refoulement des Arabes dans le désert est donc enfin trouvé !

L'autorité

Si au lieu d'interdire à tout le monde de tondre les Arabes, l'autorité algérienne tient la balance égale entre les tondeurs juifs et algériens, elle n'entend pas néanmoins refouler les indigènes ; ils sont nécessaires à son existence ; elle veut les regarder vivre, toujours parqués à part des Français.

Elle flatte leur fanatisme en les aidant à élever des mosquées ; elle met en relief leurs industries, elle fait parader dans les fêtes leurs grands chefs ; seulement, son goût pour la tradition l'empêche de ne rien changer à leurs habitudes. Son intérêt propre lui défend de songer qu'ils pourraient marcher sans lisière.

Les Arabes sont pour ces amateurs de curiosités, des jolis bibelots qu'il ne faut point remuer ; la francisation leur semble une horreur qui détruirait le pittoresque algérien.

Cette *arabophilie* d'artiste est fort appréciée ; aussi, colons et travailleurs ont beau demander que l'Algérie devienne hospitalière aux Français-Arabes ses propriétaires, comme elle l'est aux Italiens, Espagnols, Maltais, Anglais, Allemands, qui leur parlent en maîtres et obtiennent de préférence à eux, emplois et travaux d'Etat.

Les journaux porte-voix de la colonie ont beau clamer : « Nous voulons vivre libres sans tuteur et sans maître ! »

La mère-patrie, avec la cruauté d'une marâtre, continue à soumettre à des lois d'exception sa chère colonie et à l'enserrer dans des rouages administratifs inutiles, afin de faciliter de tondre les Arabes. On les tond ras ; si l'on pouvait tirer profit de leur peau, on les scalperait, tant sont mauvais les vainqueurs pour les êtres sous leur joug.

Dès qu'on ne peut pas rétrograder, réformer en Algérie le corps électoral pour le diminuer en excluant les juifs, on sera bien forcé d'étendre aux Arabes les droits civiques. Ainsi, on pacifiera la colonie et l'on obligera fonctionnaires et politiciens, qui ne sont préoccupés que d'une poignée d'individus à s'intéresser à la grosse majorité de la population.

Les Arabes francisés auront leur liberté garantie ; ils ne seront plus menacés de la matraque, du silos, du dépouillement de leurs biens et de l'exil.

Actuellement, ils ne peuvent voyager pour leurs affaires, ni aller embrasser père et mère mourants, sans l'agrément de l'autorité.

J'ai vu une musulmane perdre un important procès, parce qu'elle n'avait pu obtenir de l'administrateur la permission de se déplacer, pour aller défendre ses intérêts. Une femme ne pouvait pourtant pas être soupçonnée de voyager pour exciter à l'insurrection!

Doit-on ôter aux Arabes leur costume ?

Un bon français d'Alger répond quand on lui parle de l'assimilation : » Il ne suffit pas de soumettre les Arabes au lois françaises ; le costume doit être imposé comme Pierre-le-Grand l'a imposé à ses Russes pour les faire entrer dans la famille européenne. »

Tout le monde regretterait, qu'on enlevât aux Arabes leur pittoresque accoutrement qui donne à l'Algérie une physionomie si originale.

On se représente difficilement, les musulmans introduisant leurs jambes faites au tour, dans de longs pantalons et dissimulant leur belle prestance dans des jaquettes.

Le burnous élégamment drapé, achève de donner grand air à ces homme statues.

Mais le burnous, si couleur locale, qu'on ne voudrait point voir abandonner est, il faut l'avouer, lourd à porter aux arabes. Qui ne l'a entendu accuser à la barre d'un tribunal ?

— Vous avez, demande le président, des indices qui peuvent mettre sur les traces de l'assassin ?

— J'ai vu, répond le témoin, deux individus qui s'enfuyaient..., ils avaient des burnous!...

Le burnous ne fait point seulement suspecter les musulmans ; il gène leur liberté.

Les arabes, cependant, ne veulent point voir abandonner même par les enfants, leur costume. M. Chérif Zahar a fait adopter par le conseil municipal un vœu, pour que les petits indigènes des écoles communales d'Alger, reçoivent, non des vêtements européens, mais des effets indigènes.

Quant aux musulmanes, si ravissantes dans

leur costume théâtral ou leurs attifements de madone, si divinement énigmatiques sous le blanc haick, elles perdraient en se sanglant dans une robe sombre d'européenne, quelque chose de leur prestigieuse beauté de houris.

Une française s'embellit en se vêtant en musulmane, une musulmane s'enlaidit en se vêtant en française. Tout le monde peut constater ce fait.

Quel que soit l'habit qu'il porte, l'arabe si sociable, si respectueux de la parole donnée, si généreux, si hospitalier, ne doit pas être traité en ennemi quand il peut être pour nous un si précieux auxiliaire pour faire de l'Algérie que toutes les nations convoitent, un Pérou africain.

L'Algérie nous envoie déjà le marbre, le fer, le cuivre, le blé, l'orge, les essences à parfums, les pâtes alimentaires, l'huile d'olive, les truffes blanches, les primeurs, son vin reconstituant, ses délicieux moutons par bateaux. Elle fournit aux papéteries et à beaucoup d'industries, l'alfa.

Si sur son sol toujours en gestation, les récoltes succèdent aux récoltes, si l'arbre sur lequel on cueille le fruit est déjà de nouveau chargé de fleurs, son sous-sol, en outre des couches de pétrole, du sulfure d'antimoine, des nitrates, des minerais précieux et des prodigieux gisements de phosphates, renferme des richesses, dont on ne connaît point même encore toute la valeur et l'étendue.

Par calcul donc, si ce n'est par amitié, pour tirer profit de l'Algérie, les français sont intéressés à faire des arabes, leurs associés et leurs égaux.

Le mariage Arabe est un viol d'enfant

Certes, français et arabes diffèrent d'habitudes et de mœurs : Si consommer le mariage avec une fillette impubère est chez les français un crime, c'est chez les arabes une coutume ; aussi, les petites arabes se marientelles à l'âge où les petites françaises jouent seulement à la mariée.

En suivant d'un œil impatient les évolutions enfantines de leurs filles, les pères musulmans calculent ce qu'elles vaudront de *douros* : car, contrairement aux français qui ne consentent à se marier qu'avec une femme qui leur apporte de l'argent, les arabes sont, eux, obligés d'en donner pour pouvoir épouser. Ce qui constitue le mariage musulman, ce qui le rend valable, c'est la dot versée par l'époux comme prix d'achat de la femme.

Dans les villes, la dot de la femme se calcule en argent (en douros), sous la tente en troupeaux de moutons, en chameaux, en palmiers. Dans des oasis du Sahara, le douaire de la femme noire, ne consiste guère qu'en bijoux, ceintures, coupons de tulle et de cotonnade.

Une femme du commun, se vend de trente à cinquante francs.

Une femme qui sait tisser les burnous est payée de trois, à huit cents francs.

A douze ans une femme est estimée pour sa figure, à vingt ans pour son savoir faire.

Aux premiers temps de l'occupation, les femmes arabes gardées en otage étaient échangées contre des chevaux, ou vendues à l'enchère comme des bêtes de somme.

Autrefois aussi, en Grèce, on troquait les femmes contre des bœufs. C'est pour cela qu'elles sont appelées dans l'Iliade *Trouveuses de bœufs*.

Dans le Sud africain, le sexe féminin tient au même titre que les perles, lieu d'argent; de même en Asie. Dans l'Afghanistan on compense encore un meurtre, par la livraison de plusieurs jeunes fille et une blessure par la livraison d'une femme.

Une fillette est suivant sa gentillesse et le rang de sa famille payée de trois cents francs à mille francs.

Les acquéreurs se disputent les musulmanes qui exercent les fonctions d'institutrices (monitrices) et les paient de mille, à trois mille francs.

Plus les petites arabes sont jolies, plus elles sont certaines d'être achetées par un vieux mari auquel sa position permet de les payer très cher.

La vente des musulmanes donne lieu à un marchandage, entre le père et le futur époux. L'objet du litige, la femme n'est mise au courant de l'affaire, que quand elle est conclue.

Il y a des gamines de sept ans qui tirent à la buche pour savoir auquel des hommes qui les ont payées, elles devront appartenir. Ceci prouve que dans le commerce des femmes, la mauvaise foi n'est pas exclue.

Tous les jours d'ailleurs, les prétoires des tribunaux algériens retentissent de révélations scandaleuses et de réclamations d'hommes, qui ont payé une femme qu'il se voient enlever par un autre.

On a fait grand bruit en France de l'aventure de Fathima, cette jeune institutrice kabyle que son père avait vendue 750 fr. à un nommé Rhamdan et qui ensuite, avait épousé un jeune homme selon son cœur, l'instituteur

Ibrahim, fut réclamée par son premier acheteur.

Le juge de paix de Mekla, se conformant à la loi Koranique, avait donné gain de cause a Rhamdan et il fallut toute la pression de l'opinion publique vivement émue en France par ce barbare procédé, pour forcer le tribunal de Tizi-Ouzou à infirmer le jugement du juge de paix de Mekla, dégager Fathima de l'engagement pris par son père avec Rhamdan et lui permettre de filer le parfait amour avec l'instituteur qu'elle avait épousé.

Il ne faut pas oublier que Fathima et Ibrahim appartenaient, de si loin que ce soit, au monde universitaire, que leur chef M. le recteur Jeanmaire, s'était intéressé à leur odyssée et l'avait signalée.

Qu'on supprime l'indignation publique soulevée par ce concours de circonstances, et Fathima aurait été obligée de quitter son second mari qu'elle aimait, pour aller vivre avec le premier qu'elle ne connaissait pas, tant est grande l'habitude de nos tribunaux français, de respecter les anomalies arabes.

Les victimes ordinaires ont beau se faire éloquentes et suppliantes, leur voix désespérée n'émeut pas plus le public que les juges. J'en ai vu se tordre les bras, se rouler à terre, hurler, mordre ceux qui les approchaient, en entendant la justice française, stylée par des trembleurs, leur appliquer le droit coutumier musulman, si formellement en contradiction avec notre droit français.

Trop souvent les juges annulent des mariages librement consentis, pour livrer la femme à l'homme qui l'a achetée, alors qu'elle était petite enfant. Que dis-je, il se trouve même des magistrats français, pour livrer la jeune fille à l'homme qui l'a achetée avant qu'elle ne soit née !

Il y a quelques années, à Ben-Mensour, un père vendit sa fille à naître. Quand la petite fut venue au monde, il voulut résiller le contrat passé et s'adressa aux tribunaux ; mais les tribunaux donnèrent gain de cause au mariage projeté, la jeune fille vendue avant sa naissance, dut appartenir à son acquéreur. Le procès, m'a dit l'habitant du pays qui me signalait ce fait, a coûté dix-sept mille francs.

Les pères pressés de tirer profit de leurs filles, n'attendent pas leur nubilité pour les marier. Pour masquer cet attentat à la nature, on n'omet pas de dire au mari qu'il n'usera de son droit d'époux que quatre, cinq ans après le mariage. L'enfant n'en est pas moins à la merci d'un homme qui n'a aucun dérivatif à ses passions, qui se dit que la petite payée est son bien et souvent, dans la fillette la femme est atrophiée.

Quand le fait par trop criant parvient aux oreilles de la justice, les parents criminels et l'homme qui a infligé non le mariage mais le viol à une enfant, trouvent des témoins de complaisance qui excipent de leur bonne foi et ils sont acquittés.

La cour d'assises d'Alger vient encore d'acquitter un mari de Takement, Medja Iddir ben Mohamed, qui avait violé sa femme *âgée de neuf ans*, après l'avoir attachée avec des fils de fer.

Pour mettre un terme à ces viols d'époux, il faudrait appliquer sur tous les territoires français, la loi qui interdit aux filles de contracter mariage avant quinze ans.

Si les femmes avaient en France leur part de pouvoir, elles ne permettraient pas que sur une terre francisée, subsiste une loi admettant le viol des enfants. L'homme tolère ce crime, parce qu'il est solidaire de celui qui en profite.

Quelquefois les drames poignants qui se passent dans le gourbi ou sous la tente sont révélés : J'ai vu amener devant le juge une petite fille de neuf ans, étique et couverte de brûlures. Son mari, un vieux, racontait qu'elle était tombée au feu pendant une crise d'épilepsie. Tout le monde sait à quoi il faut attribuer ces crises nerveuses si fréquentes chez les petites épouses arabes.

L'atrophiement dont elles sont l'objet dans leur enfance rend — alors que les hommes de leur race sont grands et forts — la plupart des femmes petites, délicates et maladives.

La loi française baissera-t-elle toujours pavillon devant le Koran ? La République n'ira-t-elle pas au secours des petites victimes de la débauche musulmane ?

D'après la loi Koranique, aucune femme ne peut se soustraire au mariage. Le père a le droit de l'imposer à sa fille, le tuteur ou le *Cadi* ont le pouvoir de forcer les orphelines de se marier.

En se mariant la musulmane garde son nom. Messaouda bent (fille), Djaffar reste quand elle a épousé Aïssa ben (fils) Lakdar, Messaouda bent Djaffar. On ne la reconnaîtrait plus si elle changeait aussi souvent de noms que de maîtres. Elle conserve sagement le sien, ce qui n'existe pas chez nous et au lieu d'annihiler comme la française sa personnalité, elle l'augmente, elle acquiert par le fait du mariage une sorte d'émancipation civile et économique.

La femme arabe ne peut disposer d'elle et

de sa fortune que le jour où elle est mariée. Mais dès ce jour-là, elle a l'administration et la jouissance de ses biens personnels. Elle peut même plaider contre son mari sans aucune autorisation.

Entre époux musulmans, la séparation de biens est le droit commun.

La femme n'a rien à dépenser dans le ménage, elle ne doit apporter aucune part contributive, attendu que la première condition exigée de l'homme qui veut contracter mariage est de pouvoir subvenir à l'entretien et à la nourriture de chaque femme qu'il épouse. Mais l'arabe souvent oublie le Coran et exploite ses femmes au lieu de les entretenir.

Bien que la musulmane ait reçu de son mari une dot, le soir de ses noces elle lui demande « Le droit de la première entrevue ». L'époux donne selon ses moyens une pièce de métal, où un billet de banque. Cet usage était observé en France aux premiers temps de notre histoire. Clovis n'épousa-t-il pas Clotilde par le sou d'or et le denier d'argent ? Le mari était censé acheter sa femme par ces deux pièces de monnaie.

Les prohibitions relatives au mariage musulman sont nombreuses. Il ne doit exister entre les fiancés, ni parenté de sang, ni *parenté de lait* c'est-à-dire que le mariage est défendu entre les enfants qui ont sucé le lait d'une même nourrice.

Les M'zabites doivent se marier dans leur pays d'origine, l'émigration leur est interdite.

Les musulmanes ne peuvent épouser que des musulmans ; alors, que les musulmans peuvent épouser des femmes de toutes races et religions.

Noces Arabes

En présence du *Cadi* (juge) et de deux témoins le futur dit au père de la fiancée. « Je te compte la somme ou le reliquat de la somme (souvent des avances ont été faites), convenue pour acheter ta fille.

Le père répond : Voici ma fille, fais-en ta femme !... Et le mariage est conclu. La vente d'une jeune fille s'accomplit sans plus de cérémonies que la vente d'une génisse.

Aussitôt après, les fêtes commencent ; un festin a lieu — dans le désert le morceau le plus renommé des repas est la bosse de chamelle — quand on a suffisamment mangé on examine les présents. Les cadeaux reçus par la fiancée sont étalés sur les tapis au lieu d'être exposés comme en Europe sur les meubles du salon. On met partout le même soin à les faire valoir.

Enfin, l'époux entouré de cavaliers fait le simulacre d'enlever son épouse, il l'assied sur une jument brebis harnachée d'étoffes éclatantes, ou dans un palanquin porté par un méhari.

Les curieux s'écartent pour laisser passer le cortège : Ce sont d'abord de beaux cavaliers habitués à faire parler la poudre ; ensuite, viennent les enfants en *gandoura* (chemise) d'une blancheur éclatante et en *chéchia* rouge montés sur de minuscules petits ânes africains.

Des nègres, castagnettes à la main, dansent la bamboula au milieu de la route, ils se trémoussent, tournent sur eux-mêmes, s'accroupissent, se relèvent, mettent dans leurs sauts une sorte de fureur diabolique qui fait croire qu'ils sont touchés par la baguette d'un prestidigitateur. Suivent les tambours, les musiciens, puis des femmes à pied en longue file qui entr'ouvrent leur blanc haïck pour faire retentir l'air de ce cri strident : « You ! you ! you ! »

Quand on arrive au domicile conjugal où doivent se prolonger les fêtes des noces, le mari reçoit son épouse comme une reine.

La jeune fille qui a exprimé son consentement au mariage par le silence, semble toujours n'avoir pas de langue. Durant toutes les cérémonies du mariage la bienséance lui interdit de parler.

Dans certaines régions, à Ghadamès par exemple, pendant les sept premiers jours de l'union la femme doit rester absolument muette. Sa mère parle pour elle. Elle l'accable publiquement de conseils : « Soyez dit-elle pour votre mari une esclave, si vous voulez qu'il soit pour vous un serviteur « Soignez ses repas, entourez de silence son sommeil, car la faim rend emporté et l'insomnie donne mauvais caractère. »

La foule des assistants s'accroupit et fait ripaille. Tout individu qui se présente, si pauvre, si inconnu soit-il, est le bienvenu, *l'invité de Dieu* et a sa part du festin nuptial.

Quand on a fini de manger, on rit, on s'interpelle joyeusement. Des nègres racontent des drôleries qui font éclater de rire la société.

Une noce arabe est à la fois, un tournois, un concert, une comédie et un bal.

Le soir, pendant que dans la fête à ciel ouvert, les fusées font merveille, que les rires et les bravos éclatent joyeux comme des feux d'artifice, le marié et la mariée retirés à l'écart, se parlent souvent pour la première fois.

La porte de la chambre ou de la tente des nouveaux époux est bientôt ouverte, les curieux s'y précipitent, ils s'étouffent pour être premiers à voir la mariée sortant des bras de son époux les cheveux dénoués, les vêtements froissé, l'air confus et... désanchanté... Elle est assise sur un tapis, on l'admire, on la félicite. Personne n'omet de faire à haute voix ses réflexions sur son attitude. Heureusement, le plaisir l'emporte sur la curiosité ; toute cette foule vive, joyeuse, se rue vers les musiciens. On recommence la danse des almées, finalement personne ne tenant plus en place, on fait des vis-à-vis, on esquisse des pas et des sauts qu'on chercherait vainement à retrouver dans les bals de nos villes de France.

Le mariage musulman est — bien que l'époux se soit réservé le droit d'empêcher ses femmes de manger de l'ail et de se livrer à des occupations débilitantes — plus avantageux que le mariage français, puisque loin de perdre des droits, la femme en acquiert et qu'au lieu de donner une dot elle en reçoit une. Seulement, ce mariage n'est pas consenti, il a presque toujours lieu malgré l'opposition de la jeune fille et il offre ce revers de la médaille, la polygamie.

La Polygamie

Un conseil de guerre (1) siégeant à Oran, a dernièrement acquitté Rochia, épouse de Mohamed-Ould-Saïd, chef du *douar* de Marnia. Cette femme, à la suite d'une scène de jalousie, en était venue aux mains avec Aïcha deuxième épouse de Saïd, et l'avait tuée net d'un coup de bâton. Les débats ont révélé de curieux détails sur la polygamie qui a enfanté ce drame.

(1) En territoire militaire, les tribunaux militaires remplacent les tribunaux civils.

La polygamie qui force les femmes condamnées à la subir, à faire journellement intervenir le fer et le poison pour se débarrasser d'une rivale, engendre chez les hommes la pédérastie.

Les femmes déjà rares en pays arabe, puisqu'elles sont vingt-deux pour cent de moins que d'hommes, étant accaparées par ceux qui ont le moyen de les payer, les pauvres sont souvent dans l'impossibilité d'avoir une épouse ; alors, ils prennent pour femmes..... des hommes !..... d'aucuns sont mêmes surpris parfois derrière une touffe de lentisque, en conversation criminelle avec une chèvre..... ou une brebis !.....

Ces êtres primitifs ne peuvent être accusés comme les ultra-civilisés de rechercher dans la pédérastie un raffinement de débauche. S'ils recourent à un moyen anti-naturel pour satisfaire leurs instincts amoureux, c'est parce que les polygames font la rafle et partant, la disette des femmes.

On sait que sous l'égide de la loi Koranique, le musulman peut afficher les mœurs les plus dissolues.

Posséder un grand nombre d'épouses rend son opulence indiscutable ; aussi, il se ruine en femmes, comme des européens se ruinent en chevaux.

D'abord, il épouse ! il épouse ! ensuite, il s'encombre de concubines, au point d'être dans l'impossibilité de maintenir son état de maison. Alors pour alléger ses charges et pouvoir poursuivre ses fantaisies amoureuses, il chasse des femmes et des concubines, il en prend d'autres. Ce renouvellement de son personnel féminin est son plus grand divertissement.

« La femme est faite pour le plaisir de l'homme, disent les arabes, comment voudrait-on qu'une seule et unique épouse puisse amuser un homme toute sa vie. La polygamie et la répudiation sont nécessaires. »

D'après les prescriptions de Mahomet, chaque femme d'un même homme devrait avoir une demeure à part, mais ce n'est pas ce qui a lieu ; ordinairement, le mari et toutes ses femmes vivent dans la plus complète promiscuité, pour éviter les frais de logement séparés.

Le prophète avait pu, lui, qui s'attribuait le cinquième du butin et le cinquième des dons et présents, avec sa fortune considérable, posséder au mépris de la loi, dix-sept femmes à la fois, et procurer à chacune de ses dix-sept épouses légitimes et de ses onze concubines, une certaine aisance ; malheureusement tous les mahométans n'ont pas les gros revenus du fondateur de leur religion ; le plus souvent, les polygames ont pour maison une tente séparée en deux par une grande portière. D'un côté de la tente sont toutes les femmes, (le musulman qui avoue n'en avoir que quatre en a six) de l'autre, le mari commun prodiguant ses tendresses à la favorite du moment.

Tous les peuples ont pratiqué la polygamie. Les rois d'Israël furent polygames. Salomon eût soixante femmes légitimes et quatre-vingts concubines.

Les Francs aussi furent polygames. Charlemagne avait huit femmes. Dans les huttes de terre d'Aix-la-Chapelle, l'empereur eût, disent les historiens, des batailles à soutenir contre elles, et malgré son gantelet de fer, s'il fut victorieux ailleurs, il fut là souvent battu.

Mahomet n'était pas plus heureux avec ses dix-sept femmes ; quand il n'échangeait pas avec elles des coups, il échangeait des injures ; sans cesse il était obligé de faire intervenir Dieu, pour réfréner leur irrévérence.

Zeinah, sa quinzième femme, lui servit un jour une épaule de mouton empoisonnée.

— Pourquoi, lui demanda Mahomet, as-tu commis ce crime ?

— J'ai voulu, lui répondit Zeinah, m'assurer si tu es véritablement prophète, si tu saurais te préserver du poison ; dans le cas contraire, délivrer mon pays d'un imposteur et d'un tyran.

Aïcha, sa favorite, lui fit tant d'infidélités, que pour fermer la bouche à ses contemporains scandalisés, il dût mettre dans le Koran, chapitre 26 : « Ceux qui accuseront une femme d'adultère, sans produire quatre témoins, seront punis de quatre-vingts coups de fouet ».

La vertu d'Aïcha, femme remarquable, d'ailleurs, ne fut plus mise en doute après ce verset.

Bien qu'il lui fut impossible de vivre en bonne intelligence avec autant d'épouses, légitimes ou illégitimes, Mahomet ne renonça jamais à sa passion pour le sexe féminin.

« Les deux choses que j'aime le plus au monde, répétait-il souvent, ce sont : les femmes et les parfums.

Tous les Chorfa (chefs religieux), sont polygames comme Mahomet.

L'ancien sultan du Maroc avait des centaines de femmes. Chaque vendredi une nouvelle épouse entrait dans son harem.

Norodom, roi du Cambodge, donne à la polygamie un but utilitaire ; il assigne à chacune de ses cinq cents femmes, une occupation dans son palais ; les plus favorisées sont comédiennes, danseuses, les autres cuisinières, tailleuses, etc.

Chez les arabes aussi, les autres femmes sont les servantes de la favorite momentanée. Mais l'élue d'aujourd'hui n'est jamais certaine de ne pas être la répudiée de demain, tant est grande la mobilité arabe.

La civilisation chasse devant elle la polygamie aussi anti-naturelle que contraire à la dignité humaine. D'où vient donc qu'en conquérant l'Algérie la France monogame ait laissé la polygamie y subsister ?

Il est étrange que la pluralité des femmes, condamnée en France, soit permise sur notre terre francisée d'Afrique.

Si les françaises votaient et légiféraient, il y a longtemps que leurs sœurs africaines seraient délivrées de l'outrageante polygamie et de l'intolérable promiscuité avec leurs co-épouses.

C'est en voyant le préjugé de race dominer tout en Algérie, que l'on comprend bien l'absurdité du préjugé de sexe. Ainsi, la race arabe, si belle et si bien douée, est absolument méprisée par les européens qui, rarement cependant, sont aussi beaux et possèdent autant d'aptitudes naturelles que les arabes. Et voyez cette contradiction. Le Français vainqueur dit au musulman : « Je méprise ta race, mais j'abaisse ma loi devant la tienne ; je donne au Koran le pas sur le Code. »

Les Français permettent aux Arabes de pratiquer la polygamie, qu'ils s'interdisent à eux-mêmes. Pour masquer leur illogisme, ils affirment que les Africains ont des besoins que ne connaissent pas les Européens et que c'est pour faire droit à ces besoins qu'on leur laisse épouser tant de femmes.

Si la polygamie était nécessaire aux Arabes, les riches seuls, pouvant se satisfaire, comment les pauvres, plus nombreux que les riches, ne porteraient-ils pas la peine de leur privation ?

Nous avons eu sous les yeux des exemples qui sont en contradiction avec cette assertion : des Arabes bien portants pendant qu'ils avaient une seule épouse, s'affaiblissaient, perdaient la santé, dès qu'ils en prenaient plusieurs.

La polygamie ne hâte pas seulement la décrépitude physique, elle amène la dégénérescence intellectuelle. En concentrant toute l'activité cérébrale des arabes sur l'instinct bestial, elle annihile leur intelligence et atrophie leur cerveau.

En avançant sa mort et en préparant la perte de sa race, l'homme polygame est-il au moins plus heureux que le monogame ?

Nous avons interrogé à ce sujet nombre d'Arabes ; tous nous ont avoué que la pluralité des femmes engendrait des dissensions domestiques, et que la guerre était en permanence dans la maison de l'homme qui avait plusieurs épouses.

Mahomet qui avait tant, cependant, d'appétits charnels, dénonçait les amertunes dont ses nombreuses femmes et concubines l'abreuvaient.

Le défunt shah de Perse, Nassr-Eddin, qui avait dix-neuf femmes légitimes et deux cents concubines, répétait à qui voulait l'entendre, lors des noces d'or du défunt homme d'Etat Gladstone : « Qu'il valait mieux vivre cinquante ans avec une seule femme qu'un an avec cinquante femmes. »

Il faut bien que l'on sache en France, que la polygamie révolte la femme arabe. La jeune épouse d'un homme déjà muni de plusieurs femmes répond presque toujours aux premiers compliments de son mari, par des injures. C'est la très faible expression de son horreur et de son dégoût, pour ce qu'elle nomme le « *chenil conjugal.* »

Beaucoup de femmes arabes répètent du soir au matin à leur mari qu'elles ne peuvent vivre de bon gré avec un homme qui a plusieurs femmes, qu'elles ne restent chez lui que par force.

En pays musulman, quand un homme venant de se marier entre par la porte avec sa nouvelle femme, il n'est pas rare que la première épouse en titre, sorte par la fenêtre et se sauve chez ses parents. On tente une réconciliation, le mari polygame soutient que s'il a amené une seconde femme sous son toit, ce n'est que pour lui faire faire gratuitement l'ouvrage de sa mère ou de sa sœur...

Quand le Cadi a forcé la femme outragée dans sa dignité, à regagner le logis conjugal, la guerre éclate terrible entre les épouses. Ces rivales qui se partagent à tour de rôle les coups et les baisers du maître, et dont chacune appelle l'autre : « *mon préjudice* » se font mutuellement chasser et répudier.

« Deux femmes s'espionnent réciproquement, trois femmes, quatre femmes d'un même homme s'espionnent encore bien plus. »

Il n'entre pas d'amour dans ce ménage à quatre ou huit, mais une jalousie féroce qui engendre le crime et en fait comme un besoin de ce milieu délétère.

Les enfants n'échappent pas à cette fureur jalouse, chaque bébé d'une famille polygame a pour marâtre toutes les femmes de son père qui font souvent plus que de le martyriser. L'autre jour encore une jeune femme arabe prenait entre ses jambes un beau chérubin de deux ans, l'enfant de sa rivale, et l'égorgeait comme un chevreau.

Ordinairement, ces marâtres des fils et des filles du même père, agissent discrètement, et si on les soupçonne, personne ne peut les convaincre d'avoir estropié ou aveuglé l'enfant de leur rivale.

La polygamie aide-t-elle au moins à peupler l'immense territoire de l'Algérie ?

Non, car au lieu d'augmenter, la polygamie diminue le nombre des naissances. Les familles musulmanes nombreuses n'existent pas et malgré tous ses désirs de paternité, l'homme n'a avec ses quatre femmes, pas plus d'enfants que l'Européen avec une seule.

Deux raisons qui s'enchaînent, concourent à restreindre la reproduction de l'espèce : l'excès de bestialité de l'homme polygame et la stérilité de la femme due aux abus et à l'atrophiement dont elle a été victime dans son enfance.

La polygamie n'étant pas consentie par la femme et ne valant ni au point de vue individuel, ni au point de vue collectif, sa suppression a été demandée par la pétition ci-dessous :

« Messieurs les Députés,
« Messieurs les Sénateurs,

» Permettez-nous d'appeler votre attention sur la situation des femmes arabes, qui sont, avec la tolérance de la France, si barbarement traitées.

» La femme arabe vendue tout enfant à un mari est séquestrée par ce mari dans le *chenil conjugal* avec ses co-épouses, puis répudiée sans motifs pour faire place à une autre.

» On a déjà laissé trop longtemps les arabes garder leurs lois, leurs mœurs, leur langue. Ne croyez-vous pas qu'il est urgent d'en faire des enfants de la République, de les instruire, de les assimiler aux français ?

» Nous vous prions, Messieurs, de bien vouloir substituer sur notre territoire africain l'état de civilisation à l'état de barbarie, en décrétant la suppression de la polygamie que les femmes arabes subissent par force et qui est outrageante pour tout le sexe féminin. Nous vous demandons aussi d'interdire le mariage des petites filles impubères.

» Le viol d'enfant sous prétexte de mariage, la pluralité des femmes et leur séquestration dans les prisons matrimoniales, sont lois et usages hors nature, qui entravent l'accroissement de la population au lieu de le favoriser, et font obstacle à la fusion si désirable de la race arabe et de la nôtre.

» La république — a moins d'être en contradiction avec son principe même — ne peut continuer à encourager d'un côté de la Méditerrannée la polygamie et le mariage des filles impubères qu'elle punit de l'autre côté.

» Nous espérons, Messieurs, que vous vous inspirerez des intérêts de la civilisation et que vous abrogerez les lois inhumaines qui régissent la majorité des habitants de l'Afrique française. »

Hubertine Auclert.

La Polygamie et la Presse

Cette pétition a été commentée par toute la Presse : « Maintenant, ont dit des journaux, c'est une Algérienne qui sert de renfort aux sénateurs. Elle est d'autant plus inexcusable de n'avoir rien vu qu'elle était — ayant habité Alger, Laghouat, le sud Oranais — en situation pour tout observer. »

« La polygamie est dans nos mœurs, ont affirmé certains chroniqueurs. »

Si la polygamie est dans nos mœurs, elle n'est pas dans la nature. Ainsi, la femme, qui moins sophistiquée que l'homme, touche de plus près à la nature, est absolument monogame et elle reste monogame même quand elle déchoit moralement ; la « noceuse » a toujours un ami de cœur et la prostituée de dernière catégorie pour avoir un homme à elle, prend le « souteneur. »

Loin de modérer les passions, la polygamie les excite ; l'homme polygame est encore bien plus volage que le monogame. Il a légalement l'habitude du changement.

Du reste, si la polygamie est chose si bonne, si les hommes arabes veulent continuer à avoir plusieurs femmes, la plus élémentaire égalité exige que les femmes arabes aient — comme avant Mahomet — plusieurs maris.

Les musulmans étant en Algérie beaucoup plus nombreux que les femmes c'est la polyandrie et non la polygamie qui devrait s'y pratiquer.

La polygamie pour tous et toutes, ou bien : A bas la polygamie !

Réponse du Ministre

Le président de la Chambre des députés m'a communiqué la décision défavorable du ministre — auquel avait été renvoyée ma pétition — au relèvement de la condition juridique et sociale de la femme arabe.

« Il ne paraît pas possible, dit le ministre de l'Intérieur, au moins pour le moment, ainsi que le fait remarquer, M. le gouverneur général de l'Algérie, de donner satisfaction aux vœux exprimés par la pétitionnaire. La situation de la femme arabe ne saurait être modifiée sans toucher aux statuts personnels et successoraux musulmans qui ont toujours été respectés par la législation algérienne. Il y aurait même imprudence à mettre à l'étude une aussi grave question : outre l'impossibilité évidente d'arriver à une solution pratique, on provoquerait dans la population indigène, déjà préoccupée des projets de réformes, une agitation qu'il convient d'éviter. »

Le ministre de l'Intérieur est plus musulman que Mahomet lui-même. Pendant qu'il objecte un danger chimérique, un bon mahométan Kassim-Anim Bey, conseiller à la cour d'appel au Caire, demande justement que la loi interdise la polygamie, la répudiation et oblige à instruire la femme, à la laisser vivre indépendante et libre de choisir son époux.

Eh quoi ! les idées volent, le progrès pousse les hommes et les conquis de la République Française seuls croupiraient en leur vieux errements ?

L'Algérie mahométane devrait rester dans le *statu quo*, pendant que tout marche autour d'elle ?

Les statuts que l'on invoque pour s'abstenir de modifier le sort de la femme arabe ont été violés combien de fois par les administrateurs, quand il s'agissait de rançonner et de mettre en interdit les indigènes. D'ailleurs, ces statuts dont le ministre paraît faire un si grand cas aujourd'hui ont été méconnus par les arabes eux-mêmes, qui, oublieux des conventions prises, n'ont depuis l'annexion de l'Algérie, cessé de se déclarer belligérants et de rechercher à reconquérir leur indépendance.

La France a, sous le couvert de la civilisation, dépossédé l'arabe du territoire de l'Algérie et maintenant, elle arguerait de son respect pour la barbarie du vaincu, pour le laisser en dehors de la civilisation au nom de laquelle elle l'a conquis ? Cela est inimaginable !

Il n'est pas, comme on pourrait le croire, impossible d'arriver à une solution, relativement à la suppression de la polygamie dans le monde musulman.

Il ressort en effet clairement d'une enquête que j'ai fait à ce sujet, que beaucoup d'arabes trop pauvres pour pouvoir se marier sont obligés de recourir à des moyens anti-naturels pour satisfaire leurs appétits sexuels.

Les autres sont en majorité monogames et usent fréquemment du divorce. Il n'y a donc en fait, qu'un nombre restreint d'arabes qui pratique la polygamie et encore, de ce nombre il faut défalquer les hommes instruits qui n'ont chez eux qu'une seule femme.

« Une seule femme, me disait dernièrement un conseiller municipal arabe, en visite chez moi à Paris, est déjà assez difficile à contenter, comment pourrait-on en contenter plusieurs ! »

Quant à nos sœurs indigènes, dès qu'elles sont initiées à notre vie, elles ont le dégoût de leur condition de *femmes-troupeau* et elles ne veulent plus rentrer dans le milieu où elles sont forcées de subir la polygamie et de vivre séquestrées.

En dépit du Koran, les femmes Touareg ont interdit la polygamie et l'on ne trouve pas dans les tribus de leur race, d'exemple d'hommes ayant pris une deuxième femme.

Pour ce qui est de l'agitation momentanée qui ressuscitera à son noble passé et mettra en marche vers le progrès la race musulmane, il est puéril de chercher à l'éviter. Cette agitation doit forcément avoir lieu lors de l'assimilation.

La polygamie qui met obstacle à la fusion des deux races sous une loi commune doit être sacrifiée à l'unité française.

Les occidentaux sont aussi peu monogames que possible. Ils ont des amours successives et parfois multiples ; mais au moins dans les pays monogames, la polygamie est voilée.

Si un homme s'avisait de mettre en contact sa femme et sa maîtresse il serait traité de goujat par ses congénères.

Eh bien, la délicatesse féminine dont les européens se font les gardes du corps, cette délicatesse existe chez les femmes arabes et veut être respectée.

Sous aucuns cieux, la femme qui a donné son cœur ne s'habitue à partager avec d'autres celui qu'elle aime !

La Répudiation. — Le Divorce

Les vautours qui ne veulent pas que la proie arabe leur échappe en devenant française, feignent de craindre révoltes et soulèvements, pour s'abstenir d'enrayer les excès sexuels déprimants des vaincus.

Pendant que le polygame s'abrutit et se bat dans le « chenil conjugal », avec les multiples ouvrières-épouses, qui lui permettent d'être si majestueusement fainéant, il ne songe en effet à défendre ni sa liberté, ni son bien.

« Ote-toi de là que je m'y mette, polygame ! » Ceux qui ne peuvent exterminer les Arabes sont charmés de les voir s'émasculer à l'aide de la pluralité des femmes et du changement à vue, au moyen du petit jeu de la répudiation, de leur personnel féminin.

Avant la loi islamique, les mauresques possédaient le droit de répudiation ; mais, les fondateurs de religions sont comme les confectionneurs de lois, partiaux pour leur sexe. Mahomet a conservé le privilège de répudiation à l'homme, il l'a enlevé à la femme.

L'homme a le droit de répudier sa femme chaque fois qu'il en a envie, sans avoir besoin d'alléguer d'autres raisons que son caprice.

La répudiation a lieu sans procédure. « C'est une exécution intime, que la pensée du mari accomplit et que sa bouche consacre par des mots dans ce sens : Va-t'en !... Je te donne à toi-même !... Tu as la bride sur le cou !... »

La justice n'intervient, relativement à la répudiation, que dans le cas où des contestations surgissent.

Le mari qui a répudié deux fois sa femme à l'aide de la formule ci-dessus peut se remarier avec elle, moyennant un nouveau don nuptial ; mais s'il l'a offensée par ces paroles outrageantes : « Tu es pour moi comme de la chair de porc », il ne peut la réépouser qu'après qu'elle aura été remariée à un autre homme.

Il n'y a qu'un cas qui annule ou plutôt ajourne la troisième répudiation ; c'est quand elle a été prononcée pendant les menstrues de la femme.

On voit à quel point la condition de la musulmane est aléatoire. Aujourd'hui, elle est épouse, demain elle est répudiée, chassée de la tente ou de la maison qu'elle habitait.

Il n'existe guère de mahométanes qui n'aient été au moins répudiées trois fois. Cela ne les déconsidère pas, tant est forte l'accoutumance. Seulement, la réciprocité n'existe pas pour la femme et si son mari lui déplait, elle n'a pas à son service la répudiation, pour s'en débarrasser.

Quand chez les Musulmans polygames, une des femmes ne plaît plus ou ne rapporte point assez au mari par son travail, il n'est guère de torture qu'il n'emploie à son égard, avant d'user de son droit de répudiation. Certains maris balancent la femme dont ils ne veulent plus après une planche hérissée de pointes, de clous, supplice qui lui met les jambes et le bas des reins en sang. D'autres s'ingénient à lui faire avancer la poitrine et à prendre ses longs seins dans l'entrebaillement d'une porte. Ces actes sauvages s'accomplissent sous l'égide de notre gouvernement civilisateur !

Qu'attend-on pour mettre fin à cette barbarie ? Que de plus diligents et de plus habiles que nous aient imposé leurs lois aux Arabes !

Des lézards pour maris

« Que l'on nous donne des lézards pour maris plutôt que des hommes polygames ! » crient dans les prétoires les belles divorceuses.

Si en pays musulman on se marie souvent, on divorce presque aussi souvent que l'on se marie. C'est que les arabes ne sont point encore asservis aux préjugés qui forcent les civilisés à supporter volontairement la torture. Quand ils sont malheureux en ménage, très sagement ils se séparent.

L'homme a bien des moyens de rompre le lien conjugal, il peut dissoudre le mariage par le divorce *T'alak*, le divorce *Ila*, le divorce *Lia*. Il use peu du divorce *Moubara* (par consentement mutuel) qui ne coûte rien à l'épouse.

Parfois les maris demandent une si grosse somme pour autoriser leur femme à recouvrer sa liberté, qu'aucun prétendant acheteur ne veut mettre ce prix et que l'épouse marchandise reste en disponibilité.

Généralement, le mari n'accepte de séparation que contre une somme proposée comme don compensateur par la femme, c'est le divorce *Khola* par lequel l'épouse se dépouille pour payer à son mari la rançon de sa liberté. Dans ce divorce, l'amour propre joue un rôle, la femme a à honneur de ne pas paraître obtenir sa liberté à trop bas prix ; aussi laisse-t-elle au mari dont elle veut être délivrée, une partie de sa dot quand ce n'est pas sa dot tout entière.

En pays arabe, toute femme qui a cessé de plaire doit rembourser à l'homme la somme dont il l'avait payée. Le Cadi prête aux maris main forte, il ne prononce guère que le divorce *Khola* ; aussi, quand les musulmanes ont un cas où le divorce peut être rendu par autorité de justice, elles préfèrent recourir à l'impartialité des tribunaux français.

Le divorce peut être prononcé d'office par les tribunaux français, malgré la volonté du mari, quand celui-ci maltraite, entretient insuffisamment sa femme, ou quand il est inapte à remplir les devoirs conjugaux. C'est le plus souvent, ce dernier cas de divorce que les femmes allèguent.

Les médecins se plaignent en Algérie, d'être poursuivis avec persévérance et tenacité, par des femmes arabes qui veulent leur faire certifier que leur mari est impuissant.

Munies ou non de certificats, il n'est pas rare de voir ces femmes entamer une instance en divorce, en demandant aux tribunaux français de leur accorder quelques milliers de francs de dommages intérêts, parce que leur époux n'a pas été pour elles, régulièrement un mari, pendant un temps.

La musulmane qui demande le divorce par autorité de justice, expose ses griefs au juge qui, après l'avoir entendue, la met elle et l'époux en *adala* (en observation) pendant huit jours chez une personne honorable. Au bout de ce temps, leur surveillant fait un rapport où il déclare quel est celui des époux qui a tort. De son côté le juge s'informe et quand il est suffisamment éclairé, il prononce le divorce.

C'est dans leurs instances en divorce que les femmes arabes se montrent tout entières. Les maris penauds baissent la tête, pendant qu'elles déploient une si grande éloquence qu'on croirait entendre les belles parleuses de l'Arabie payenne ressuscitées.

Elles protestent avec véhémence contre la pluralité des femmes. Elles déclarent préférer la prison au harem. « Que l'on nous donne, disent-elles, des lézards pour maris plutôt que des hommes polygames ! »

La musulmane étant de sang libre, les verrous et la matraque n'ont pu la subjuguer ; aussi veut-elle sortir du mariage dès qu'elle y est entrée, si elle s'y trouve malheureuse. Il s'agit seulement pour elle d'en sortir fièrement, et sans perte d'argent, dût-elle pour cela en dépenser.

La Mauresque offre des douros à la Jugesse

La femme arabe ne marchande jamais quand il s'agit de reprendre possession d'elle-même et souvent, avant d'obtenir le divorce, elle est ruinée par les recors de la justice si ce n'est par les juges.

Les musulmans méditatifs qui regardent ce qui se passe dans et hors le prétoire, croient que toutes les consciences françaises sont à acheter, aussi, s'obstinent-ils à réclamer en finançant, la complaisance des fonctionnaires.

Le Caïd Ali M..., a été condamné à quatre mois de prison par la cour d'assises d'Alger pour avoir tenté de séduire pécuniairement un expert. Il avait offert à cet expert une enveloppe contenant mille francs en lui disant : « Pour boire le café ! »

Autant est expéditive la justice arabe où sans frais, sans perte de temps, séance tenante la cause est entendue et jugée par le *Cadi* ; autant est lente et coûteuse la justice française ; mais en dépit des journées d'attente et des dépenses considérables, les arabes très processifs sont toujours devant les tribunaux. Il est vrai, qu'ils se montrent quelquefois humains envers ces dépouillés que l'instinct de la conservation pousse à exercer des « reprises ». Bien avant que le président Magnaud se soit rendu célèbre, un modeste juge de paix d'Algérie acquitta un malheureux arabe n'ayant pas mangé depuis cinq jours, qui avait volé une chèvre et l'avait vendue vingt-cinq sous.

Les plaideurs musulmans comptent beaucoup moins sur leur bon droit que sur leur bourse pour avoir raison de leurs adversaires ; donc, dès qu'ils ont des démêlés avec la justice, ils veulent mettre tout le monde dans leur jeu et ils offrent de l'argent aux juges et à leurs tenants et aboutissants.

Les femmes agissent comme les hommes ; quand elles plaident en divorce, à défaut du juge, elles cherchent à corrompre la jugesse.

Un jour d'audience musulmane une jolie mauresque se fit introduire auprès de moi. Après s'être assurée que j'étais seule, que portes et fenêtres étaient bien closes, elle s'approcha et en me faisant mille démonstrations affectueuses, elle me remit des papiers. Pendant que je les lisais elle me baisait mains et vêtements, elle se couchait à mes pieds pour appuyer ses lèvres au bas de ma robe.

Tout à coup elle se redressa, sortit d'un sac caché sous sa *melhafa* (robe), des poignées de douros et mettant un doigt sur sa bouche elle me les tendit... son étonnement fut inimaginable quand elle me vit refuser avec indignation de lui laisser acheter mon intervention auprès du juge, mon mari.

Un musulman peut deux fois divorcer d'une même femme et la reprendre après le délai légal de trois mois et dix jours. S'il divorce une troisième fois, il ne pourra en faire de nouveau sa femme qu'après qu'elle aura été épousée et répudiée par un autre homme.

Quand les juges demandent leur âge aux arabes qui comparaissent devant eux, ceux-ci répondent souvent : « Nous sommes comme les moutons, nous n'avons pas d'âge. »

Le serment n'est jamais déféré à l'audience, mais il est accepté soit sur un marabout vénéré, soit dans la mosquée, un vendredi avant midi, sur l'étendard du prophète flottant au-dessus de réchauds d'encens.

La meilleure condition pour les femmes arabes aisées est d'être divorcées ou veuves ; ainsi seulement, elles sont libres de participer à la vie extérieure. Elles président aux réunions où l'on parle de la tribu et de la race. Dans ce pays où les poètes, sorte de troubadours, vont de douars en douars, déclamer sur l'amour, la galanterie, au lieu de les déconsidérer les pose. Elles ont, paraît-il, des légions d'adorateurs platoniques.

Ce que les Femmes Arabes disent de l'Amour

Si un adorateur demande : — Raïra, veux-tu m'aimer ?

— Macache ! (non) répond la Houris.

L'a-t-elle expérimenté avant de naître, toujours est-il, que la femme arabe paraît n'avoir jamais ignoré qu'aimer c'est souffrir ! Mais si elle redoute d'aimer, elle souhaite ardemment d'être aimée et personne mieux qu'elle, ne possède l'art de séduire et d'ensorceler.

Pendant que les orgies ont lieu, dans les rues de la Kasbah à Alger ; des maisons prisons qui bordent ces rues, où vivent cloitrées, murées les femmes arabes, montent dans l'ether comme des nuages d'encens, leurs rêves..... leurs aspirations vers l'amour !...

Ces mauresques vendues comme des animaux, ces femmes forcées de subir la polygamie, sont des chercheuses d'idéal !

Interrogez-les sur l'amour, elles vou répondront : — L'amour ! C'est le coup d'œil c'est l'étreinte des bras et des mains, c'est l baiser !... L'amour n'est que jusque là !.. Une fois qu'il est marié, c'est fini !... fini !.. Les bras tendus pour embrasser retombent se collent au corps !.....

Si aimées qu'elles soient, les musulmane ne s'attachent pas à leur mari polygame qu les a blessées dans leur fierté en partagean son cœur et ses faveurs. Leur âme se re-plie sur elle-même, comme ces fleurs qui fer-ment leurs pétales, dès qu'elles sont froissée et mutilées.

Ces femmes arabes dont on ne prend pa garde de ménager la délicatesse, sont de sensitives qui frémissent, se révoltent, ont l répulsion des indignes contacts.

Plus qu'aucune femme au monde, elle sentent ces musulmanes, qui ont été engen-drées par des mères poètes.

Dans l'ancienne Arabie, toutes les femme étaient poètes, la plus célèbre d'entre elles, fut Kanza dont la renommée égala l'illustre Khindif qui donna son nom à la tribu des Beni-Mondar qui, sous le nom de Kindifides, peuplent le Hedjâz et le Nedjd.

L'Arabie payenne eut quatre sages et ces sages furent des femmes. Elles s'appelaient : Sohr, Amrah, Djoumah et Hind qui, à la guerre se faisait des colliers de nez et d'oreilles d'ennemis.

Les femmes les plus remarquables de l'islamisme furent Aïcha — épouse préférée du prophète qui conseillait d'apprendre des vers aux enfants disant que le rhythme purifiait la langue — et Zobéidah femme de Haroun-al-Rachid qu'elle inspirait pour les affaires de l'Etat.

Les musulmanes ont une indépendance de caractère que la plupart des françaises ne possèdent pas. Tout l'assujettissement moral qu'on dénomme chez nous le devoir, leur est inconnu. N'ayant pas leur sensibilité développée outre mesure par les romans et la religion, elles ne connaissent pas ces élans de passion qui les portent à se sacrifier et à subordonner leur bonheur à celui de l'homme. Elles veulent être heureuses elles-mêmes et éprouver personnellement, une complète satisfaction.

L'élévation de leur esprit date de loin : du temps de la société païenne, alors que les femmes avaient la liberté de choisir le compagnon de vie qui leur plaisait, elles ne visaient qu'à faire des mariages « d'intelligence ». Elles recherchaient un mari sympathique.

Les femmes des autres races se laissaient séduire par la beauté physique, la richesse ! Elles préféraient à tout, la beauté morale, la supériorité intellectuelle. Elles épousaient le plus généreux et le plus poète !

Avant d'épouser, elles faisaient subir des épreuves. Celle du réchaud et des parfums, était infaillible pour distinguer, entre un homme de rien et un homme bien né.

La femme arabe d'aujourd'hui, si annihilée qu'elle soit, participe de ses aïeules, elle a toutes ses aspirations dirigées vers le mieux, témoin ce proverbe qui excite la vigilance des géoliers musulmans : « Quand la femme a vu l'hôte elle ne veut plus de son mari. » C'est que l'hôte, presque toujours européen, représente pour elle une supériorité d'éducation et de développement intellectuel.

Quel sentiment autre que le mépris, la musulmane peut-elle avoir pour le maître jaloux, paresseux, méfiant, qui en sortant emporte la clef de la maison ? Aussi, dès qu'elle peut se soustraire à la claustration, elle jette le Koran par dessus la Kasbah et préfère se donner à vingt français, plutôt que de se laisser acheter par un seul mari mahométan.

L'amour sous la tente

Autrefois, la mauresque ne détestait pas ainsi, l'homme de sa race. Il y a douze cents ans, en Arabie, les époux ne s'interpellaient que par ces doux mots : « Toi qui es à moi ! » Maintenant que les jeunes filles — des enfants plutôt — sont vendues par leur père à un mari qui pourrait être leur grand-père, l'amour dans le mariage n'existe pas et la matraque est impuissante à assurer la fidélité de la femme.

La nature violentée, reprend un jour ses droits, le petit organe que la jeune épouse a dans la poitrine s'agite. Parfois, c'est pour un homme qu'elle n'a jamais vu mais qui a aperçu, lui, à la dérobée, quand elle soulevait son haïck, ses yeux qui assassinent comme la poudre.

« Le cœur est le plus court chemin pour arriver au cœur » disent les arabes ; aussi, quand ils veulent être aimés ils commencent par aimer.

Les musulmanes les encouragent par leur coquetterie et leur indifférence ; mais elles n'aiment pas plus leurs amants que leurs maris et ne sont que des dilettantes de l'infidélité.

En trahissant pour un bijou ou même pour rien ceux qui les aiment, les mauresques jouent leur existence.

A Biskra, si une femme regarde par la fenêtre, son mari achète un de ces excellents pistolets fabriqué dans la ville même et lui casse la tête. Pour un coin de voile soulevé, pour un regard échangé, elle risque sa vie. On mesure la somme de félicité que cette infidélité platonique représente pour celui qui en est honoré. Aussi, malgré tous les périls, l'ardeur des amoureux ne se dément pas plus que la témérité des femmes toujours prêtes à provoquer le courroux des hommes qui les ont achetées.

Les amants arabes ont pour leur Lella (dame) une violente passion, c'est l'adoration enthousiaste des chevaliers pour les preuses du moyen âge.

Dans le désert, la mahométane n'a pas perdu sa puissance et elle joue un grand rôle lors des guerres entre tribus. Les plus belles d'entre les plus belles femmes de la tribu, suivent les combattants assises dans de riches palanquins, sorte de boudoir portatifs hissés sur des chameaux. Elles excitent les guerriers par leurs chants, leurs déclamations, leurs cris joyeux ou irrités. Après la victoire, on reconnaît le concours de ces houris en leur attribuant une part dans le partage du butin.

Dans l'Arabie payenne, des femmes sont allées jusqu'à l'impudeur pour sauver leur tribu : On raconte qu'à la bataille de la « Coupe des Toupets » les filles du poète Find quittèrent leurs vêtements et s'avancèrent toutes nues, au milieu des combattants, elles les excitaient en criant : « Guerriers, fondez sur l'ennemi, terrassez-le et nous vous embrasserons à pleins bras ! »

Le Coût de l'adultère

Quand les épouses des polygames sont infidèles elles sont durement châtiées. Le Koran n'est pas indulgent pour l'adultère. En son chapitre 24, il prescrit d'infliger à chacun des coupables cent coups de fouet en présence de nombreux croyants. Le verset 19 du chapitre 4 est encore plus sévère, lisez et frémissez : « Si vos femmes commettent l'action infâme, appelez quatre témoins ; s'ils se réunissent contre elles, enfermez-les dans des maisons jusqu'à ce que la mort les visite » — Portes et fenêtres étaient murées — On ne pourrait dire combien cet article de loi barbare, inventé par la jalousie de Mahomet, a fait supprimer de vies humaines.

En Océanie, l'adultère s'expie par une amende de dix cochons sauvages, donnés par l'amant, au mari de la femme séduite.

Dans le Sahara, le chef de tribu qui rend la justice, cote plus cher la curiosité ; celui qui entre sous une tente pour voir la femme de son voisin, doit en compensation donner dix brebis à ce voisin.

Dans le Touat, l'adultère est puni de la bastonnade.

5

En Algérie parfois la femme adultère est scalpée.

Un arabe du douar Ouana, Afsa Essaïd, vient d'appliquer à sa femme Meyriem bent Amar qui le trompait, le manche d'un couperet rougi au feu sur les parties sexuelles.

J'ai vu dans le sud Oranais, des maris qui avaient été abondonnés par leurs femmes, conduire les infidèles devant les tribunaux, pour leur demander cinq francs de dommages intérêts par nuits qu'elles avaient passées loin de lui.

D'autres époux, veulent se faire payer une compensation, pour toutes paroles ou gestes contre la femme, propriété qu'ils ont achetée.

Le musulman, on le voit, a mille petits moyens de se faire des rentes avec ses femmes, il n'est donc pas étonnant qu'il en épouse autant.

Les Milianaises féministes au 13e siècle

Epouser est facile, assujettir l'est moins. Parmi les femmes indépendantes l'arabe est une insurgée. C'est qu'elle n'a pas toujours été traitée en bétail :

A l'époque de l'idolâtrie, alors que Mahomet n'avait pas encore proclamé que l'homme était supérieur à sa compagne, la femme de race arabe jouissait des mêmes droit que son époux et plus encore que lui, de considération.

Hommes et femmes doués de la même prodigieuse mémoire, acquéraient le même savoir, ils avaient la même connaissance de la tradition orale et des poésies, car en ce temps-là, l'écriture et les livres étaient inconnus. On énonçait verbalement et en vers toutes ses impressions.

Les femmes ne se contentaient pas d'être belles parleuses, elles avaient un merveilleux talent poétique qu'elles employaient surtout à auréoler de gloire les braves, morts en défendant la tribu.

Confondue avec la poésie dans l'admiration des arabes, la femme était adorée comme une sorte de divinité.

Mahomet renversa l'autel et fit de la femme qui y était assise, un instrument de plaisir charnel.

Cette déchéance, cette annihilation ne fut que superficielle, la loi islamique ne put vaincre l'atavisme et les musulmanes conservèrent dans les géoles matrimoniales, l'amour que leurs aïeules avaient pour l'indépendance.

Les femmes arabes ont levé bien avant les Européennes et les Américaines, l'étendard de l'émancipation.

Il y a cinq cents ans, que les milianaises, se sont insurgées contre le masculinisme. Au 13e siècle, elles se sont fait rabrouer par le saint arabe Sidi-Mohamed-ben-Yusset, qui leur reprochait : « d'usurper la place des hommes, de commander partout, quand elles devraient obéir ; enfin de se révolter contre le droit de l'homme et de faire leur possible pour l'infirmer. »

Bravo nos ancêtres !

La gestation des Musulmanes est de cinq ans

Ayant si vif le sentiment de la liberté, la femme arabe se sent responsable. Pendant tout le temps de la gestation, elle se préoccupe de l'œuvre qui s'accomplit en elle. L'enfant qu'elle forme doit être beau ! Aussi, de même qu'un artiste qui veut reproduire un chef-d'œuvre, elle s'entoure de ce qu'il y a de plus charmant dans la création. Elle se fait apporter des gazelles qu'elle contemple tous les jours pendant des heures, elle leur lèche yeux et dents, afin que l'enfant qu'elle porte ait leurs dents blanches, leurs grands yeux caressants.

Le petit être qu'elle met au monde après ces efforts de volonté, est en général merveilleusement joli. Est-ce le soleil qui a aidé la maman à le si bien modeler ?

L'accoucheuse est en pays arabe la première venue. Quand on la voit courir à une tente on lui demande :

— Mra (femme) où vas-tu si vite ?

— Je vais, répond la musulmane interpellée, « je vais partager une existence en deux existences. » Ce qui veut dire : Je vais accoucher une femme. »

Cette sage-femme d'occasion qui n'a reçu d'autres enseignements que ceux de la tradition et de l'expérience, complique le travail de l'enfantement au lieu de le faciliter. Elle triple, par des pratiques barbares, les douleurs des femmes qui subissent les épreuves de la maternité.

Afin d'enrayer la mortalité si grande parmi les nouvelles accouchées, on remplace, à la grande joie des indigènes, les matrones ignorantes, par des sage-femmes diplômées.

Les femmes qui donnent le jour à un fils reçoivent de leurs maris des bijoux. Celles qui mettent au monde une fille sont injuriées, maudites, battues !... Car, si l'on n'enterre plus toutes vives à leur naissance, sur le mont *Abou-Doulamah*, ou sur le mont *Ben-Dalmate* les filles, pour leur épargner les peines, attachés à la condition des femmes, comme au temps où l'aïeul du poète Farazdak les rachetait de la mort, en donnant par tête pour rançon à leurs parents deux chamelles et un chameau, la naissance des filles n'en est pas moins considérée comme un grand malheur, pour les familles pauvres.

Les femmes arabes ne consentent à devenir mères, que quand elles ont bien constaté qu'elles ne manquent de rien et peuvent vivre avec l'homme qu'elles ont épousé. (1)

A leur arrivée chez leur époux, elles se tournent, se retournent, dans la maison ou sous la tente des années. Si elles trouvent

(1) Sont-elles initiées à la méthode scientifique de M. Paul Robin ?

leur nid suffisamment duveteux et chaud, elles donnent le jour à un enfant, rarement à plusieurs.

Cette attente de la maternité est poétiquement interprétée. On croit que l'enfant sommeille longtemps dans le sein de sa mère avant de naître ; si bien, que la coutume attribue à un époux un enfant né cinq ans après sa mort.

En droit musulman, la grossesse d'une femme peut durer jusqu'à cinq ans. « C'est, disent les légistes, le terme maximum de la gestation indiqué par Dieu. » Cependant quelques-uns contestent ce terme et indiquent quatre ans comme le laps de temps le plus général.

Bien que le Koran soit muet à ce sujet, les cadis abondent dans ce sens ; ce qui donne lieu à beaucoup de procès.

La cour d'Alger étonne le monde arabe, chaque fois qu'elle déclare que la plus longue gestation d'une femme ne dépasse pas dix mois et déboute de leurs prétentions, les beaux-frères qui réclament de leurs belles-sœurs remariées depuis trois ou quatre ans, l'enfant qu'elles viennent de mettre au monde comme étant le fils de leur frère mort depuis cinq ans. Mais la cour d'Alger a aussi rendu des arrêts grotesques comme celui qui légitimait un enfant venu au monde plus de deux ans après la mort de son père putatif.

Les M'zabites qui émigrent pour travailler dans les villes du littoral et laissent leur femme dans leur pays d'origine, reconnaissent comme leurs, fut-ce après plusieurs années d'éloignement, les enfants qui naissent d'elles.

« L'assiégée est toujours vaincue » disent les arabes en parlant de la femme séduite.

Le Koran qui s'est souvenu que les arabes descendent d'Ismaël fils naturel d'Agar et d'Abraham (alors que leurs frères les juifs descendent d'Isaac fils légitime de Sarah et d'Abraham) n'a pas voulu qu'il puisse exister des enfants illégitimes. Les bébés que les filles Oulad-Naïl récoltent en leur vie d'aventure, sont reconnus par la tribu de leur mère et élevés par elle.

La femme arabe allaite son enfant avec des seins allongés à force d'être tirés, seins qui lui tombent jusque sur les cuisses quelquefois et qui servent autant à amuser, qu'à nourrir l'enfant.

Au lieu d'avoir comme en France leur bébé dans leurs bras, les mères marocaines les portent à califourchon sur leurs hanches, dans un pli du haïck.

Les mères arabes portent leurs enfants sur leur dos, mais seulement pour les transporter d'un endroit à un autre ; car dans la maison ou sous la tente, ils sont abandonnés à eux-mêmes nus sur la terre dénudée, ce qui les oblige à s'ingénier, à s'aider de leurs bras et de leurs jambes pour se mouvoir. Ce système d'éducation les rend vigoureux et audacieux c'est-à-dire aptes à marcher très tôt.

A Alger, dès que le petit arabe sait bien marcher, il doit rapporter à la maison des sous.

— Pourquoi, demandai-je un jour à un grand yaouled dont je me servais, pourquoi les petites filles ne sont-elles pas envoyées dans les marchés comme les petits garçons ?

— Parce que, me répondit-il, on les volerait au lieu de les acheter. »

Si les petites filles ne vivent pas extérieurement comme les petits garçons, elles ne leur sont cependant pas inférieures en intelligence : une Yamina de quatre ans, possède déjà toutes les séductions d'une jeune fille. Quand un homme la taquine au lieu de pleurer comme ferait une petite européenne, elle riposte avec l'audace d'une femme.

Le chaouch d'un tribunal de la province d'Alger vint un jour, très ému, me faire cette confidence : « Croirais-tu, me dit-il, que le « greffier me soutient que c'est ma femme et « moi qui faisons nos enfants !... Ce n'est ni « moi ni ma femme... C'est le bon Dieu ! « Est-ce que l'on a jamais trouvé quelqu'un « pouvant faire une bouche, un nez, des yeux ?

« Essaie donc, toi, ai-je répondu au greffier, « essaie donc de faire une figure humaine. »

— Que t'a-t-il répliqué ?

— Le greffier ? Il s'est esclaffé de rire et tout le tribunal riait avec lui...

Ce fait seul servirait à prouver, que chez les musulmans naïfs, Malthus n'a pas d'adeptes.

Beaucoup de musulmanes trop peu formées, meurent en couches. Quant au nombre d'enfants d'époux trop jeunes qui succombent avant l'âge de six ans, il est incalculable.

En pays arabe, quand une femme stérile veut avoir un enfant elle touche du bout du doigt le lion que les marabouts promènent de douar en douar, de ville en ville, en recueillant des sous.

Ce lion dont l'attouchement a des effets si prolifiques n'est pas l'animal féroce que nous connaissons. C'est un lion doux, obéissant, bien élevé, qui a fait son éducation dans une kouba et qui remplit parfois l'Afrique du nord du bruit de ses miracles.

Les musulmanes stériles ont l'habitude de suspendre chaque mois, à un buisson bénit ou à un arbre isolé, un morceau d'étoffe imprégné de sang de leurs menstrues. C'est un moyen infaillible pour devenir féconde.

L'esclave nègre que son maître a rendue mère prend le nom d'Ouem-el-Ouled (la mère de l'enfant) et jouit des égards dus aux femmes légitimes. Son fils n'est pas bâtard mais l'égal de ses demi-frères ; comme eux il appartient à la tente, comme eux il hérite.

Quand les enfants nègres ont six ans leur mère leur grave sur la figure avec un couteau rougi au feu, des signes ineffaçables qui feront reconnaître toute sa vie à quelle peuplade il appartient.

Les traditions du matriarcat se sont conservées parmi les Touareg. Imouchar (hommes francs) chez eux l'enfant suit toujours le sang de sa mère. « C'est le ventre qui teint l'enfant dit une formule de leur droit traditionnel ». Le fils d'une mère noble et d'un père esclave est noble (1). Le fils d'un père noble et d'une mère esclave, est esclave. Ce n'est point le fils du chef qui succède à son père mais le fils de la sœur aînée de celui-ci. C'est la loi salique renversée.

Sur la côte d'Ivoire, au Gabon, chez les Nigritiens, chez les Touareg du nord et du sud, le droit coutumier *Beni-Oummia* (fils de la mère) est fidèlement observé. A la mort du chef de famille, son avoir est divisé en deux parts les « biens de justice » acquis par le labeur et les « biens d'injustice » conquis les armes à la main : Les premiers sont, disent les voyageurs, répartis, également entre les enfants sans distinction de sexe. Les « biens d'injustice » reviennent en entier au fils aîné de la sœur aînée.

Quand un territoire conquis doit être distribué entre les tribus il est donné aux dames douairières de la noblesse.

---

(1) La noblesse utérine exista en France, en la période féodale : La mère noble donnait le jour à un fils noble le père, fût-il roturier.

Beaucoup de tribus Berbères sont Beni-Oummia (fils de la mère) ; à Rhat, le droit Berbère réserve aux femmes représentants des anciens maîtres du sol, l'administration de l'héritage ; elles seules disposent des maisons, sources, jardins et pour l'administration comme pour le commerce, elles ne sont nullement inférieures aux hommes, d'après M. Duveyrier (1). C'est au fils de la sœur aînée que reviennent les droits de commandement sur les serfs et les redevances payées par les voyageurs.

Où la prostitution est un sacerdoce

Chez les arabes où l'on compte vingt-deux femmes pour cent de moins que d'hommes, et où la polygamie qui excite l'appétit sexuel et fait en raison de l'accaparement de quelques-uns, la rareté pour tous du sexe féminin sur

(1) M. Duveyrier a vécu longtemps parmi les Touareg.

le marché du mariage, il ne faut pas s'étonner si sacrifier à l'amour est œuvre pie, si la prostitution est en Algérie un sacerdoce.

La tribu des Ouled-Naïl qui pour plaire à Allah exerce ce sacerdoce, recueille partout honneurs, considération, richesses.

Cette Tribu des prêtresses de l'amour dont les tentes ne sont pas comme celles des Oulad-Sidi-Cheik, noires surmontées d'un panache de plumes d'autruche ; mais d'une couleur grenat rouge qui la distingue de ses coréligionnaires aux tentes grises ou brunes, occupe un immense espace sur les confins du grand désert entre Bou-Saáda et Laghouat près de Djelfa. Les hommes et les femmes dont elle se compose, sont les plus parfaits types de beauté arabe. Les hommes efféminés sont poètes et jouent de la flute. C'est au son de cet instrument que les bambines de la tribu apprennent à danser, en faisant leurs premiers pas.

Quand elles ont atteint neuf ou dix ans qu'elles savent chanter et danser à souhait, fumer élégamment, elles émigrent par troupe, vers les villes du littoral où elles exercent leur profession qui est de charmer et d'ensorceler — de se donner ou de se vendre librement.

Ces enfants du désert n'admettent pas la réglementation de la prostitution.

Les Chambaa prévenus que la garnison d'El-Goléa allait avoir des maisons publiques, firent connaître hautement qu'ils se révolteraient si on prenait des femmes de leur race pour ce commerce patenté.

Mais ajoutèrent-ils « des négresses on peut faire ce que l'on veut, ce ne sont pas des êtres humains. »

Les almées si jolies, les vierges folles du sahara ravissent les européens. Ces houris transfigurent les habitués des cafés maures qui ont, en les regardant danser, un avant-goût du Paradis de Mahomet..... Les riches qui sont là leur versent sur les mains des amphores remplies de parfums.....

Quand on voit étincelantes de la tête aux pieds, de pierreries, de diamants et enveloppées par la fumée des aromates, les charmantes Oulad-Naïl se lever une à une et doucement, comme en hésitant, s'avancer dans le cercle formé par les spectateurs où bientôt elles agitent leurs hanches par un mouvement lascif, l'assistance est fascinée. Une seconde almée succède à la première, offrant la même irrésistible, mystérieuse attraction et toute la troupe des danseuses défile, simulant les choses les plus provocantes, laissant deviner, grâce au costume arabe, les hanches et le ventre qui s'agitent, aussi distinctement que s'ils étaient nus.

Cette danse du ventre (1), c'est l'amour sans l'amour, elle produit une ivresse des sens dont ne peuvent se lasser les spectateurs.

La musique bien qu'assourdissante est entraînante ; bientôt un nègre, castagnettes de fer ou clarinette à la main, s'approche de chaque assistant et ceux même qui sont déguenillés lui donnent de dix à douze douros.

---

(1) Le spectacle grotesque que l'on en donne en France n'en est qu'une horrible imitation.

Cet argent a été emprunté pour quelques heures, à un juif par de pauvres arabes qui ont voulu se procurer le plaisir de jouer aux riches devant les belles Oulad-Naïl.

Quand, en se vendant à tout le monde, ces aimables enfants auront recueilli assez d'argent, elles retourneront dans leur tribu et les épouseurs se les disputeront. C'est qu'avec l'or, elles apportent dans les plis de leur *melhafa* de brocart ou de soie, un peu de civilisation.

Ce n'est pas seulement un besoin inhérent à leur pauvreté, qui a engendré la coutume générale chez les Oulad-Naïl, d'offrir à prix d'or leurs filles à tout venant, c'est une croyance qu'en agissant ainsi ils honorent Allah. Ils sont persuadés, que les femmes font œuvre méritoire en se prostituant et ils les encouragent dans cette voie ; car selon eux, renoncer à cette habitude attirerait sur la tribu les plus grands maux.

La dîme de chair fraîche payée à ce minotaure, le vice, leur paraît une garantie de sécurité. Aussi, c'est vainement qu'Abdel-Kader voulut faire perdre aux filles des Oulad-Naïl l'usage d'aller dans toute l'Algérie se prostituer ; une disette survint, on l'attribua à la colère d'Allah et l'ancienne coutume fut rétablie.

Les Oulad-Naïl nobles, c'est-à-dire de grande tente, agissent royalement avec leurs amants d'une heure ; quand ils ont admiré un objet rare ou un des tapis qui forment l'autel sur lequel on sacrifie à l'amour, elles le leur font porter par leurs suivantes.

Ghadamès, plus collet-monté qu'Alger et les autres villes du littoral, proscrit la prostitution ; elle chasse de ses murs les prostituées.

Le royaume de Haoussa est pour elles encore plus cruel. Dans ce royaume, les femmes reconnues pour se livrer à la prostitution, sont le jour du marché pendues sur la place publique.

En compensation de cette sévérité, Biskra, qu'un poète compare à une émeraude dans un joyau d'or, appelle et adule les courtisanes. Elles occupent dans l'oasis aux cent cinquante mille palmiers, tout un quartier. Et, elles contribuent au moins autant que les courses de Méharas, à attirer les hiverneurs.

Dans les steppes du Sahara des marabouts berbères, appelés Tagama (Saints) qui laissent croître leurs cheveux et les disposent en longues tresses pour être remarqués de loin, ont une industrie traditionnelle, c'est de faire trafic de leurs femmes avec les étrangers. Ces mœurs se retrouvent, chez les tribus d'origine berbère en Tripolitaine.

Hérodote raconte, que les filles de la Lydie se livraient à la prostitution. Elles exerçaient ce métier, jusqu'à ce qu'elles trouvassent à se marier. C'est ainsi qu'elles se mettaient en état de choisir un époux.

Arts et Industries des Femmes Arabes

En savourant l'holocauste des exquises Oulad-Naïl, le polygame demande à grands cris que les musulmanes se régénèrent dans le travail.

Le labeur quotidien de ses épouses est pour lui une bonne source de revenus. Voilà pourquoi il fait sur le marché la rafle des travailleuses habiles. N'est-ce pas bien placer son argent, que de payer 300 francs une épouse-ouvrière qui lui en rapporte annuellement mille ?

Certainement, la beauté prime en Afrique comme partout, mais le savoir-faire féminin y est encore plus apprécié qu'en pays civilisé. Car s'il n'est point assez riche pour avoir des esclaves, l'arabe paresseux et contemplatif s'en remet à ses femmes du soin de tisser ses vêtements, de tisser sa maison mobile, la tente et de préparer ses aliments, ce qui ne consiste pas seulement à confectionner du couscous et des gâteaux de miel, mais à moudre péniblement dans un moulin primitif, formé de deux pierres serré par un écrou, l'orge et le blé, à faire le beurre, les fagots, les peaux de boucs, à aller chercher de l'eau, à soigner les chevaux et les chameaux; enfin, à enlever et à poser la tente dans les migrations.

Ces moukères délicates, souvent exténuées, qui doivent même tenir l'étrier à leur époux fainéant, marchent à pied, la croupe chargée d'un enfant, les bras remplis de provisions ou d'ustensiles de ménage, pendant que celui-ci se prélasse sur un cheval.

De la capacité de ses femmes dépend pour le musulman le mal-être ou le bien-être relatif. Aussi, s'il repousse pour elles l'école émancipatrice qui les soustrairait à sa tyrannie, il est tout acquis à leur développement manuel. Ce barbare qui fait profession de contempler le soleil, aime bien qu'on initie ses femmes à des travaux dont le produit favorise son oisiveté.

Justement les métiers que les femmes arabes peuvent exercer exigent, pour être lucratifs, un certain développement intellectuel. L'intérêt de l'homme finira donc par modérer son effroi de l'école féminine.

C'est bien joli de fabriquer de la poterie,

avec la fine terre si variée de couleurs qui abonde en Algérie, seulement, si la musulmane pouvait ajouter à la routine qui dirige sa main, quelques notions capables d'élargir son horizon intellectuel, la glaise qu'elle pétrit triplerait de valeur.

Actuellement, dans plusieurs régions, les femmes arabes fabriquent des tasses, des amphores, des réchauds, des plats à faire cuire le pain, le couscous ou la viande, des vases de toutes formes. Elles vernissent leur poterie d'un composé d'huile et de résine.

Les femmes kabyles ne traînent pas seulement la charrue à la place des bœufs ; elles confectionnent des cruches qui ont cinq pieds de haut ; l'une d'elles entre dans l'intérieur du vase, pétrit la terre et lui donne la forme voulue, tandis que les autres s'occupent de l'extérieur. On retire la femme quand le vase est achevé et on le fait cuire au soleil. Les habitantes de Tougourt fabriquent de la poterie faite au tour.

Quand elles recevront, en même temps

qu'une instruction élémentaire, un enseignement professionnel, les femmes arabes utiliseront le kaolin, elles deviendront des porcelainières émérites et les Algériens n'auront plus la peine de faire venir de France leur vaisselle.

Presque sur tout le territoire algérien les femmes indigènes font mouvoir des milliers de métiers, qui ressemblent à nos anciens métiers de tisserands et sur lesquels elles tissent également la laine, la soie, le poil de chèvre et de chameau, l'alfa et les filaments de palmiers nains.

Avant de tisser, elles commencent par laver la laine, non avec leurs mains, avec leurs pieds, ensuite elles la filent et enfin elles la teignent à l'aide de végétaux qui croissent en Algérie et qui, comme l'indigo, l'asfar et la garance, donnent des couleurs aussi éclatantes que solides.

L'étoffe que l'on tisse est d'autant plus forte, qu'en filant la laine, on y a mêlé plus de poils de chèvre ou de chameau.

Dans le *felidg* qui fait les tentes, il entre autant de poils que de laine.

La plus grande largeur des étoffes tissées par les musulmanes est de deux mètres, leur longueur moyenne est de six mètres.

Les femmes du Soûf ont sans cesse en mouvement cinq mille métiers ; elles fabriquent des haïcks, des tapis, 70.000 haouli par an qui, en moyenne, se vendent vingt-cinq francs pièce. On comprend que, dans ces conditions, l'homme ait imaginé d'avoir des troupeaux de femmes, qui lui produisent de beaux bénéfices pendant qu'il fume des cigarettes et se délecte de moka.

Les femmes de Figuig sont aussi des ouvrières habiles qui tissent le coton, la laine, et brodent les haïcks.

Les femmes Chambaa tissent et brodent également les étoffes.

Mais, les plus beaux haïcks blancs à trame de laine fine et à chaîne de soie, sont tissés par les marocaines.

Les femmes arabes n'ont pas d'ateliers pour

travailler ; très ingénieuses, comme toutes les filles de la nature, elles enfoncent dans la terre quatre grands piquets, sur lesquels elles attachent des traverses en bois destinées à supporter un plafond de branches de lauriers-roses, de lentisques ou de chênes nains, les mêmes branches abritent le fond et les côtés de ce gourbi fleuri sous lequel est installé le métier à laine.

Elles ne se servent pour travailler que de leurs mains et d'un petit instrument en fer, qu'elles promènent vivement sur la trame pour régulariser le tissage.

Avec les laines mérinos, les laines fines, les musulmanes fabriquent des haïcks et des burnous, elles joignent des laines communes aux poils de chameaux, aux filaments de palmiers, et elles en tissent des toiles à tentes imperméables, d'un demi-centimètre d'épaisseur.

Le grand plaisir des femmes arabes est de fabriquer des tapis sur lesquels jouent d'éclatantes couleurs. Les Raïra et les Yamina, qui ont un tapis sur le métier, triomphent dans la tribu et sous la tente ; on vient de loin pour admirer l'œuvre et l'estimer.

Il paraît que les charmantes tisseuses musulmanes sont les ancêtres des tisseurs d'Aubusson. L'industrie et la fabrication des tapis aurait, dit-on, été importée en Europe par les Arabes qui s'emparèrent de l'Espagne et envahirent la France.

La création de la fabrique d'Aubusson serait due à une des tribus arabes battues par Charles-Martel en 739, aux environs de Poitiers.

Il y a des femmes qui savent seulement tisser, d'autres qui savent faire les dessins ; alors, les premières s'assurent les talents des secondes moyennant un franc par jour pendant les trois semaines que le tapis demeure sur le métier.

La fabrication des tapis et burnous souffre présentement de la concurrence de la métropole. Lyon et Nîmes produisent ces articles.

Les tapis arabes de haute laine de la région

des plateaux sont, malgré cela, si recherchés, qu'une école professionnelle indigène pour leur fabrication a été créée à Alger par Mme Delfau. Cette école, qui reçoit de l'autorité encouragements et subventions, forme des monitrices qui vont ensuite enseigner aux femmes de leurs tribus à fabriquer des tapis au goût des Européens en leur conservant leur cachet original.

Pour que les tapis mauresques soient demandés sur les marchés européens comme les tapis indiens et persans, il suffira de diriger le sens artistique des femmes qui les fabriquent, de leur apprendre à mettre en relief leur originalité, de leur donner, par un développement intellectuel, la clef pour mieux saisir et reproduire les emblêmes et les symboles constituant l'art arabe.

Dans le Fezzan, les femmes de Gatroûn font de jolies corbeilles qui sont exportées dans toutes les oasis environnantes.

Les Ghadamésiennes brodent le cuir avec un talent inimitable.

Les femmes d'Agadès tissent les nattes et fabriquent des objets en cuir curieux.

Les fromages confectionnés par les femmes de l'Aïr sont renommés par tout le Sahara.

Les habitantes de Ouargla, des négresses pour la plupart, fabriquent les *médol*, grands chapeaux de paille, garnis de petits carrés de soie de toutes couleurs, que les arabes placent par-dessus turbans et chéchia.

Encore une spécialité algérienne, la broderie, sur soie ou sur batiste dite orientale.

Quand, à Alger, Mme Luce, créatrice d'une des premières écoles arabes-françaises de filles, fut, sur l'injonction du Conseil général, forcée de transformer son institution en ouvroir, elle apprit aux jeunes mauresques à faire une broderie originale tantôt pleine, tantôt ajourée comme une dentelle et dont la régularité paraît ne pouvoir s'obtenir que mécaniquement.

Les hiverneurs étrangers paient bien cette broderie qu'ils emportent comme un souvenir de l'industrie africaine. Les expositions anglaises et américaines aiment à la faire admirer à leurs visiteurs. Des expositions françaises lui donnent la médaille d'or. Mais combien de Français et d'Algériens ignorent l'existence de cette broderie artistique, dont tous les sujets sont arabes ?

De 1862 à 1878 l'école professionnelle Luce fut soutenue par l'assistance musulmane, qui lui donnait une subvention de dix-huit cents francs par an et une maison mauresque vaste et curieuse pour logement.

En 1878, maison et subvention furent supprimés ; Mme Luce Ben-Aben, petite-fille de Mme Luce et sa continuatrice, dut enfermer dans son appartement — où il lui fut impossible de recevoir beaucoup d'élèves — son enseignement si profitable à l'art et à la patrie française.

Mme Luce a le grand mérite d'aérer l'esprit de ses élèves, en même temps qu'elle dirige leurs mains. Si elle leur fait pénétrer les délicatesses que la broderie artistique comporte, si elle leur apprend à suivre, à tracer un dessin, un chiffre, un signe cabalistique, elle leur enseigne, aussi secrètement, à parler et à écrire en français. J'ai eu entre les mains des lettres de ces jeunes mauresques, qu'une écolière parisienne ne rougirait pas de signer.

Aussitôt instruites et initiées à nos mœurs, les mauresques deviennent réfractaires à la polygamie. Elles aiment mieux se prostituer que d'épouser un polygame.

Cette répulsion instinctive prouve simplement que la polygamie ne fait pas le bonheur du sexe féminin.

Bête de rapport, condamnée au labeur productif incessant d'une mercenaire ; ou bête de luxe, vouée à la perpétuelle immobilité d'une momie étendue sur des coussins ; la femme arabe, quelle que soit sa condition, est dans la maison comme sous la tente, assez indifférente aux détails de la vie intérieure. Elle n'est ni ne se sent chez elle, chez le mari.

Quelques mauresques ont cependant, parfois, comme les Européennes, des petits talents culinaires. Elles font des pâtisseries feuilletées, des gâteaux au miel, vraies feuilles de papier dorées, sucrées, transparentes, dont les autorités se délectent.

En manipulant avec méthode la farine d'orge, elles obtiennent des granules qui, cuites à la vapeur d'un consommé de volaille ou de mouton et arrosé largement d'un jus substantiel très épicé, constituent le célèbre couscous.

Le plus souvent, ce couscous, c'est l'homme qui l'apprête, les épouses qui n'ont point de serviteurs pour le préparer ne sachant cuisiner, ou ne devant point être arrachées à leur travail qui serait rémunérateur si, au lieu d'être accompli sans initiation, il était fait avec la méthode que leur inculquerait une instruction rudimentaire.

La femme arabe, dont l'industrie est le tissage, la poterie usuelle, la vannerie, la broderie du cuir, du velours, de la soie et la broderie d'art, réclame pour pouvoir gagner sa vie en travaillant, un certain développement intellectuel. Ce développement l'empêcherait-il de se ployer aux usages de sa race, aux caprices des polygames, qu'il faudrait encore le lui donner, car, en Algérie comme en France, on vit de couscous ou de pain, non de préjugés.

Pour faire une musulmane médecin

Comment la femme arabe pourrait-elle s'éclairer, s'affiner, devenir apte à perfectionner ses industries pour les rendre plus productives, puisqu'elle n'a pas d'écoles où elle peut aller s'instruire ?

Pendant mon séjour à Alger, j'ai dû avec surprise constater que la capitale de l'Algérie était dépourvue d'écoles indigènes de filles. Voici en quelles circonstances :

Une ancienne habitante de l'Algérie, avait conçu le projet de faire initier à ses frais à l'art de guérir, une mauresque. Elle voulait que le diplôme décroché, la nouvelle doctoresse qui aurait gardé pour inspirer confiance, le costume et les mœurs de sa race, se dévouât à soulager les maux des femmes ses compatriotes et coreligionnaires.

Ce but louable, ne pouvant qu'aider à l'affranchissement de la femme arabe, je me mis à la recherche d'une jeune mauresque que son intelligence rendrait apte à profiter des études médicales. Pensant que nulle part, mieux qu'à son école, je pourrais être renseignée sur les dispositions d'une fillette de neuf à dix ans, je m'informais où se trouvaient les écoles arabes de filles.

Plusieurs personnes firent à ma question des réponses prouvant qu'elles ne comprenaient ce que je demandais ; alors, me souvenant des Zaouïa (écoles entretenues par les mosquées) je dirigeais mes pas vers la place du Gouvernement, et j'entrai dans la grande mosquée, si joliment illuminée à la fin du Ramadan par les feux des émeraudes (simples lampions verts) qui la constellent. Le Taleb (savant) auquel je m'adressais parut lui aussi, surpris de ma question. Il réfléchit longuement et enfin m'affirma qu'il n'y avait pas à Alger d'écoles arabes pour les filles.

— Est-ce qu'il n'y en a jamais eu ?

— Si.

— Est-ce qu'il n'y en a pas ailleurs ?

— Si.

Bref, de questions en questions je parvins à connaître le nom d'une ex-directrice des écoles arabes de filles d'Alger ; et à force de marches et de contre marches, l'adresse de sa petite fille qui m'apprit beaucoup de choses ; mais je voulus tout contrôler.

Pour avoir des renseignements précis, exacts, je compulsais dans les bibliothèques les documents officiels, je lus les compte rendus des Conseils généraux et tout ce qui a trait à l'instruction publique depuis l'annexion. J'appris ainsi, qu'avant le décret en date du 14 Juillet 1850, qui avait organisé l'enseignement musulman et créé dans les villes d'Alger, d'Oran, de Constantine et de Bone une école où les filles arabes recevaient l'enseignement primaire, il existait une école musulmane de filles à Alger ; seulement depuis que la France s'était emparée des *biens habbous* qui lui permettait de subsister elle avait dû fermer ses portes.

Dans sa session de 1861, le Conseil Général d'Alger avait supprimé l'allocation destinée aux écoles féminines arabes, arguant que l'enseignement pédagogique n'était pas en rapport avec l'état de la femme dans la société musulmane ; qu'il ne saurait se concilier avec les devoirs que les mœurs des musulmans imposent à la femme ; qu'on rendait, en les instruisant, de mauvais services aux jeunes filles et qu'aucun musulman se respectant, n'enverrait sa fille à l'école (1), ni n'y prendrait sa femme ; car, il était reconnu que quand les jeunes filles avaient passé par l'école, elles étaient moins maniables et se pliaient difficilement aux mœurs de leur race.

Point d'écoles, conséquemment point d'écolières. Il s'agissait donc d'entrer directement

(1) Mohammed Kamal, rédacteur au journal *Le Mobacher*, réclame énergiquement l'instruction de la femme arabe.

en rapport avec les familles pour trouver le sujet que je cherchais. Je fis des démarches auprès de nombre de familles qui étaient toutes décidées à vendre leurs fillettes à un musulman, mais qui ne voulurent pas, malgré des offres d'indemnité équivalentes à une dot, me les confier pour les faire instruire.

Si ces démarches furent infructueuses, quant au résultat poursuivi, elles furent pour ma curiosité et mes recherches sur les habitudes et les mœurs des arabes, pleines de profits et d'enseignements.

Dans toutes les races humaines, la classe aisée a plus de préjugés que celle qui ne l'est pas. Je songeais que ma proposition n'avait de chance d'être acceptée, que par les pauvres ; et j'allais frapper au bureau d'assistance musulmane. Le trésorier qui avait vu une jeune fille arabe s'instruire avec succès, prendre son diplôme d'institutrice, parut tout disposé à m'aider à trouver la future docteur. — Il voyait surtout le côté humanitaire de la question ; car quant à l'assimilation, il en désespérait, disait-il, et comparait le fanatisme musulman à celui de Saint-Louis, qui parlait d'enfoncer à ceux qui ne croyaient pas, son épée jusqu'à la garde dans le corps.

L'instruction justement, tue le fanatisme et les Français qui veulent réellement conquérir les arabes fanatiques, feraient bien d'imiter le vice-roi d'Egypte Mahomed-Ali, qui faisait ramasser les enfants dans les rues et sur les places publiques, pour les conduire à l'école. C'est ainsi qu'il a pu régénérer son pays.

Cependant, le temps passait et aucune petite pauvresse n'avait encore fixé notre choix. Il importait de trouver une enfant sachant au moins lire et un peu parler en français.

J'adressais partout et à tous ma réclamation ; je passe les recherches vaines, les espoirs déçus, les indications erronées, le fameux sujet fut trouvé et perdu maintes fois avant d'être découvert. Enfin, j'allais chez le recteur de l'académie d'Alger.

M. Jeanmaire se déclara sympathique à

l'idée d'instruire une musulmane. Il conseilla de choisir une Kabyle et offrit obligeamment de trouver une enfant intelligente. On devrait l'envoyer faire ses études à Paris ; car, si elle restait à Alger, les arabes n'auraient pas pour elle autant de considération que si elle revenait de France.

On lui faciliterait son instruction. Elle obtiendrait des dispenses, serait reçue officier de santé...

Son exemple qui déciderait d'autres arabes à faire faire des études médicales à leurs filles, pousserait l'Etat qui fabrique des médecins arabes, auxquels il donne le traitement de médecins de colonisation à agir de même envers les femmes. D'autant que cela lui coûterait moins ; les filles étant tout de suite assimilées tandis qu'il faut quatre ans pour assimiler les garçons.

. . . .

Mon départ précipité d'Algérie fit forcément ajourner le projet de faire une musulmane médecin.

Avant longtemps l'idée sera reprise ; j'ai dès maintenant la certitude, que les études sérieuses ne répugneront pas aux filles de notre Afrique du Nord.

Il est aussi urgent au point de vue patriotique qu'au point de vue humanitaire, qu'il y ait des musulmanes médecins ; car, la pieuvre anglaise essaie d'enserrer de ses tentacules notre belle colonie ; après avoir fourni armes et poudre aux belligérants et aux bandits, afin de « nous faire » dans le désordre et le trouble l'Algérie, elle cherche à conquérir moralement le pays.

Elle fait envahir les tribus arabes, par des légions de prétendues doctoresses qui sous prétexte de traiter les musulmanes et de leur donner des médicaments, pénètrent sous les tentes pour déprécier, calomnier la France et faire l'apologie de l'Angleterre. Quand on chasse ces diaconesses, elles rentrent comme hiverneuses.

Alger sans écoles Arabes de filles

Les deux mille fillettes arabes ou kabyles disséminées dans les écoles françaises du territoire de l'Algérie, infligent un éclatant démenti à ceux qui affirment que les indigènes sont inaptes à profiter de l'instruction qui leur est donnée. Ces jeunes musulmanes, non seulement font preuve de capacités intellectuelles remarquables, mais à la fin de l'année, leurs parents ont le droit d'être fiers de leurs succès puisqu'elles remportent de beaux prix, ou subissent très bien les examens.

Ces garanties d'intelligence ne décident pas les rapporteurs du budget de l'Algérie à proposer d'instruire les filles arabes : « Pas pour elles disent-ils d'écoles qui en feraient des déclassées. »

L'instruction produit le même effet en France qu'en Algérie. En élevant moralement celui qui l'a reçue, elle le déclasse, elle lui créé des besoins. Voudrait-on pour s'épargner la difficulté d'une heure de transition, supprimer l'instruction, enrayer le progrès ? Personne ne songe à cela. Tout le monde n'est d'accord que pour mieux organiser la société, de manière à ce que l'humanité instruite, y trouve la satisfaction de ses besoins.

Il a été émis au Conseil général d'Alger, un vœu en faveur d'un institut professionnel de jeunes musulmanes ; mais les *arabophobes*, de concert avec les arabes qui siègent dans cette assemblée, ont vu là un détour pris pour ouvrir une école de filles et ils l'ont repoussé.

Les fillettes en sortant de l'école, s'écrient épouvantés les algériens, ne voudraient plus subir la sequestration !...

Or, c'est cette séquestration de la femme qui maintient l'homme sous le joug et en fait une proie facile.

La ville d'Alger, habitée par beaucoup d'indigènes, est donc, par le caprice des ennemis de la fusion des races arabe et française privée d'écoles de filles indigènes.

Les jeunes musulmanes qui ne peuvent aller dans les écoles françaises faute d'être familiarisées avec notre langue, sont dans l'impossibilité absolue de s'instruire dans la capitale de l'Algérie. Mais on réclame pour elles. Nous avons adressé une requête aux pouvoirs publics, afin que les filles arabes ne soient pas plus condamnées à l'ignorance en 1900, que durant la période de 1845 à 1861 où elles avaient des écoles.

Les Français qui osent soutenir que les filles arabes — en raison des statuts — nous échappent relativement à l'instruction ; et que nous devons respecter les droits successoraux musulmans qui les font dépouiller de leur patrimoine, devraient bien avouer, qu'ils ont intérêt à autoriser la tyrannie mahométane puisque l'ignorance de la femme leur assure l'exploitation de toute la race indigène.

Quand la musulmane, qui ne touche qu'un tiers de la succession paternelle, n'a pas de cohéritiers mâles, l'Etat français s'empare des deux autres tiers.

Aucune loi ne sanctionne ce dépouillement de la fille arabe, et l'usage établi ressemble assez à une convention tacite de brigands, où les Français semblent dire aux musulmans :

« Nous vous laissons détrousser les femmes, à condition que quand vous ne serez pas là, ce sera nous qui les détrousserons ! »

Le gouvernement français ne peut pas continuer à donner en Algérie l'exemple de la pillerie, en laissant s'emparer et en s'emparant de la fortune des filles arabes.

Les rapporteurs du budget de l'Algérie qui demandent la réduction des écoles primaires de garçons, ne s'étonnent pas naturellement, que les villes comme Alger et Oran soient privées d'écoles arabes de filles ; ils sont au contraire, comme de simples géoliers musulmans, plutôt disposés à dénoncer le danger de l'école émancipatrice pour les filles. Car, faire lire les femmes paraît aussi déplacé en Algérie, qu'en France les faire voter.

On vante les bienfaits de l'instruction et l'on refuse de la répandre en pays Arabe.

On pourrait cependant le faire à peu de frais, si au lieu de procéder en créant de toutes pièces et magnifiquement des écoles spéciales, où les musulmans parqués à part restent musulmans, on facilitait l'accès des écoles françaises existantes aux filles et garçons indigènes, par l'adjonction aux directeurs et directrices de ces écoles, d'un instituteur et d'une institutrice parlant arabe.

Fusionner avec les jeux, l'émulation et les efforts des enfants, ne serait-ce pas tuer dans l'œuf le ridicule préjugé de race qui nous fait prendre notre supériorité d'éducation pour une supériorité native ?

Même dans les Centres où l'élément européen ne s'est pas fixé, il ne faudrait que des écoles françaises-arabes. Pourquoi vouloir renfermer à part dans des écoles exclusivement réservées à leur race les indigènes que l'on veut franciser ? Est-ce en séparant les enfants que l'on arrivera à unir les adultes ?

Pas d'enseignement religieux à l'école; donc, au lieu de respect des croyances musulmanes — ce qui serait un encouragement à conserver ces croyances — neutralité, indifférence vis-à-vis des religions diverses des élèves.

Contrairement à ceux qui demandent la réduction du nombre des écoles primaires arabes, moi qui ai vécu quatre ans parmi les indigènes, curieusement en enquêteuse, je crie : Des écoles ! encore des écoles !

On se plaint de ce que l'arabe reste inentamé par notre civilisation et l'on ne voudrait pas l'initier, en l'instruisant, à ce qu'on lui reproche de ne pas connaître !

Où serait l'excuse de la conquête si l'arabe que l'on a assujetti pour le civiliser (sic) continuait à vivre à l'état de nature ?

Si dans le débat mémorable qui eût lieu en 1861 au Conseil général d'Alger, les Algérois n'avaient pas laissé sans protester, les arabes qui exècrent les écoles émancipatrices des filles de leur race, représenter ces écoles comme des imitations de gynécées de Corinthe et d'Athènes et profiter de leur nombre pour voter leur fermeture, l'assimilation serait proche, si elle n'était un fait accompli. Car les femmes gagnées promptement, comme elles le sont, à notre civilisation, nous auraient puisamment aidés à nous concilier les Arabes, à nous ménager des intelligences dans le monde musulman.

Les Arabes apprécient les femmes instruites

Les indigènes très subtiles savent bien que la cloche de l'école commune pour les français et les arabes, sonnerait le glas de leur résistance à la francisation. Aussi sont-ils hostiles à l'instruction obligatoire pour les garçons et rebelles à tout développement intellectuel féminin : « Si nos femmes étaient instruites, disent les musulmans, elles seraient les alliées des roumis. »

Qu'on ne les interroge donc plus aux Conseils Généraux ou Municipaux sur l'opportunité d'ouvrir des écoles de filles indigènes puisque l'on est certain d'avance qu'ils répondront négativement.

Le sexe masculin est partout toujours décidé à annihiler le sexe féminin, voilà pourquoi il est nécessaire que chacun, homme et femme, ait le droit d'intervenir pour son propre compte, dans les assemblées administratives et législatives.

Pour nous Français, notre intérêt en Algérie doit primer tout. Or, *nous avons un intérêt réel, un intérêt politique, à instruire les musulmanes* puisque par elles, nous pourrions avoir raison de préjugés et faire malgré eux, le bonheur des mahométans.

Les arabes seront très satisfaits, de trouver grâce à nous chez leurs épouses une culture intellectuelle : à preuve ces paroles de l'ex-chef rebelle Kada à une française que la renommée avait précédée à Laghouat.

« Moi je n'ai qu'une femme bête... Ton mari est bien heureux de t'avoir ! Où donc t'a-t-il trouvée ? Si j'avais eu une femme qui comme toi comprenne tout, sache tout, je serais devenu le grand Sultan de France ! »

Parures, Costumes, Art de s'embellir des Africaines

On feint d'avoir peur des polygames, dont elles sont le bétail, pour se dispenser d'instruire les musulmanes, bien qu'il y ait plus d'un demi-siècle que le général Bugeaud a dit : « Les Arabes nous échappent parce qu'ils dissimulent leurs femmes à nos regards. »

Loin de tenir compte de ces paroles, les gouvernements qui se sont succédés depuis la conquête de l'Algérie ont laissé les Arabes séquestrer, voiler leurs femmes ; et, il y a peu de temps, un ministre de la Justice, n'a-t-il pas formellement interdit aux notaires algériens de prier les fiancées musulmanes de soulever leur voile pendant la rédaction de leur contrat ?

Une plus récente circulaire du garde des sceaux prescrit même aux juges instructeurs et aux officiers de police judiciaire de ne pas faire enlever leur voile aux femmes indigènes quand elles sont dans leurs bureaux.

Cet hommage rendu au Koran favorise les faux et les substitutions de personnes ; c'est ainsi qu'une jeune femme nommée Kéira, pût dernièrement passer pour une vieille appelée Kheltoum, chez un notaire d'Orléanville et permettre à un gendre de s'approprier, moyennant cette substitution, une propriété de sa belle-mère.

Les filles de grandes tentes sont voilées à six ans. Vers l'âge de cinq ans, elles ont été tatouées comme d'ailleurs les filles de toutes les conditions. Les mouches, les fleurettes, les petites croix dont on orne leur visage font agréablement ressortir la blancheur de leur peau. Chaque tribu a sa marque spéciale et assigne une place particulière à cette marque, c'est comme un blason qui fait reconnaître au loin ceux qui en sont parés.

A Alger, quand un Arabe meurt sur la voie publique, il se trouve toujours dans la foule quelqu'un qui reconnaît, à son tatouage, à quelle tribu il appartient.

Les musulmanes ont été habituées à croire que la femme dont on aperçoit le visage est presque outragée, aussi si elles laissent voir par l'entre-bâillement du peplum leur corps nu, elles cachent soigneusement leur nez.

Pas plus qu'elles ne doivent se montrer, les femmes arabes ne doivent franchir le seuil de leur demeure.

— Comment ! On en voit circuler dans les rues d'Alger !

— Sans doute, mais ce ne sont pas là des musulmanes distinguées, ce ne sont que des mercenaires ou des filles joyeuses.

Mahomet, mari très jaloux, prescrivit, — pour avoir plus de garantie de la vertu de ses dix-sept épouses — que toutes les musulmanes seraient voilées et qu'elles ne se laisseraient pas voir par les étrangers.

Ce précepte dont les femmes se relachent

un peu à la campagne, est rigoureusement suivi dans les villes ; aussi, abhorrent-elles les villes, qu'elles considèrent à juste titre comme des tombeaux où leur vie murée est en proie à toutes les infirmités physiques comme à toutes les sujétions morales.

Les femmes d'Alger et des environs ont le visage caché par une sorte de loup fait d'un mouchoir qui laisse seulement voir les beaux yeux. Elles ne connaissent point l'embarras des jupes. Sous le haïck, elles portent avec le pantalon bouffant très étoffé, très long et presque toujours blanc, une mignonne veste en soie claire qui leur sied à ravir. Elles ont au-dessous du *haïck*, crânement posé sur la tête, aux lourdes tresses noires, un petit bonnet tintinnabulant de piécettes d'où s'échappent leurs cheveux, naturellement frisés.

Les femmes de Laghouat portent toutes un costume qui, fut-il fait de haillons, a une coupe théâtrale. Ce costume, composé d'une sorte de péplum antique, ouvert sur les côtés, est retenu sur les épaules par de massives agrafes d'argent ; un long voile relevé, flottant, est noué sous le cou et descend, en traîne, pour former manteau. Sur la tête, elles ont un bandeau royal.

Les femmes de beaucoup de régions sont vêtues presque exactement comme les madones de nos églises. Elles n'ont sur elles rien de cousu, ne sachant pas comme les Européennes manier l'aiguille. Elles portent la *melhafa* (robe), faite sans couture, d'une pièce d'étoffe blanche — laine, indienne, mousseline ou calicot — qu'elles enroulent autour du corps et qui est nouée sur les épaules ou retenue par une agrafe d'argent, ornée de pierreries.

Cette robe, d'où sortent les bras chargés de bracelets, laisse voir par côté la poitrine nue. — Cette poitrine est d'ordinaire si maigre, qu'il n'y a pas d'indécence à la montrer. — La melhafa est serrée à la taille par une ceinture de brocart ou par un écheveau de laine multicolore.

Les mahométanes riches portent comme ceinture une cuirasse en argent, large de vingt centimètres. Avec leurs chaînes de tête et de cou, leurs anneaux de bras et de jambes, elles font entendre en marchant un bruit métallique, une sorte de cliquetis d'épées, de chocs d'éperons, qui feraient prendre ces houris pour des hommes d'armes.

Les bijoux font partie intégrante de l'habillement et sont portés tous les jours par les femmes arabes. Des colliers s'étalent sur leur gorge déformée dès l'enfance, par leur mère qui leur tire les seins pour les allonger jusqu'à la taille.

Leur coiffure est moitié turban et moitié mitre. Un foulard de soie et or entoure la tête sur laquelle étincelle un diadème incrusté de pierreries ; sur le foulard enroulé se rejoignent, soudées par un camée, les chaînes d'or et d'argent qui soutiennent les lourdes et immenses boucles d'oreilles, — sans ces chaînes, l'énorme parure faite de plaques de corail et d'anneaux enchassés dans l'or ou l'argent massif, aurait, au bout d'une heure, fendu les oreilles.

O Sarah ! quand tu fis, par vengeance, pour la punir d'avoir séduit Abraham, percer les oreilles à ta rivale Agar, aurais-tu pu deviner que toutes les femmes voudraient subir la marque infamante que tu infligeas à ton esclave, et y suspendre, en guise d'ornement, presque des roues de voiture ? Il y a des boucles d'oreilles qui ont trente centimètres de diamètre !

Ces bijoux grossiers sont confectionnés par des bijoutiers ambulants qui vont dans les douars, fondent les douros qu'on leur confie et les transforment, selon le désir de leur propriétaire, en colliers ou en bracelets.

Le haïck ou long voile blanc enveloppe les musulmanes dans presque toutes les régions, elles le ramènent pudiquement de la main sur le visage, quand par hasard elles sortent pour entrer dans des sortes de voiture cellulaires dont les stores sont baissés.

Les Sahariennes, toutes jolies, ont des

vêtements blancs, bleus ou rouges ; elles portent la melhafa et mettent pour sortir un manteau appelé *ghansa*. Pour toute parure, elles ont un collier de pièces de monnaie, de grains de corail et de clous de girofle. Leurs boucles d'oreilles tombent jusque sur leurs épaules.

Les belles Ghadamésiennes, au type grec, s'enveloppent dans une pièce d'étoffe qui passe sous le bras droit pour s'attacher sur l'épaule gauche, laissant le sein à découvert, cette robe est fixée au corps par une ceinture rouge. Une écharpe blanche flotte autour d'elles et leur donne quelque chose de vaporeux et d'éthéré.

Leur diadème en or ou cuivré soutient un gros pompon rouge qui leur pend au milieu du front, ce pompon, symbole de liberté est interdit aux esclaves. Elles sont chaussées de souliers en cuir rouge, richement brodés.

Les femmes Chamba ont une gandoura (chemise) sans manches, ouverte sur le côté, leurs cheveux noirs sortent de leurs turbans et tombent frisés sur leurs épaules ; elles ne sont point voilées.

Les femmes du Touat non plus ne se voilent point le visage.

Les Touareg de sang mêlé sont, comme leurs maris, vêtues d'une peau de chèvre et d'un sale haïck ; leurs cheveux jamais peignés sont en désordre.

Les femmes Touareg de race pure sont très belles ; elles ne se voilent le visage que devant un étranger, en témoignage de respect.

« Le remède à la pauvreté c'est le Soudan », dit un proverbe arabe. Les femmes du Soudan avec l'étoffe effilochée et les rangs de coquillages enfilés qui cachent leur nudité ne décèlent pas la richesse.

Les Koholanes, négresses qui avoisinent le Soudan, ont pour tout vêtement la *Fouta* (mouchoir noué sur les hanches) ; d'autres sont enveloppées dans une pièce de lin bleu dont l'une des extrémités fait coiffure et ne laisse voir que les boucles d'oreilles.

Les Foullanes sont aussi enveloppées dans

une pièce d'étoffe, mais elles ne cachent pas leurs beaux cheveux qui tombent en lourdes tresses laineuses ornées de verroteries, coquillages et cuivres, sur leurs épaules.

De grandes boucles d'oreille à cinq ou six rangs, en corail, en verroteries, en graines originales, font ressortir la peau dorée de leur visage ; et de gros colliers en ondâa, en ambre, en clous de girofle, roulent sur leur poitrine, où les rattache une bandelette en soie rouge vif qui passe entre les seins et va se fixer sur l'une des hanches. Cet attifement ne contribue pas peu à rendre les Foullanes jolies.

De même que les costumes, la pudeur varie selon les pays, ainsi en Egypte les femmes ont la poitrine découverte et la figure voilée.

Les femmes kabyles ne s'astreignent pas aux usages arabes, elles ont sous leur petite coiffe noire la figure découverte et sortent librement de chez elles comme les Européennes ; leur melhafa est courte, elle laisse voir leurs jambes nues ornées au mollet et à la cheville de bracelets.

Dans toute coiffure de musulmane, est niché à portée de sa main d'une façon apparente, le petit miroir qu'elle consulte en mettant le khol qui donne de l'éclat à son regard qui accentue les arcs de ses sourcils, qui estompe ses cils.

Les femmes du Tell et du Sahara ont comme celles du Sud les yeux agrandis par le khol.

Même les négresses mettent du khol qui a, entre autre propriété, celle d'arrêter l'écoulement des larmes. Ceux qui en font usage, acquièrent paraît-il unè vue limpide et perçante.

Le khol, on le sait, a pour base le sulfure d'antimoine ; Mahomet l'ordonne et les médecins arabes le prescrivent.

La femme arabe fait aussi usage du henné, qui colore en rouge ses pommettes, ses lèvres, les ongles de ses pieds et de ses mains et les fait ressembler, disent les poètes, au fruit du jujubier.

Partout, le cou et la poitrine des musulmanes sont ornés de colliers de verroterie, de corail, de sequins d'or, de clous de girofle ; leur figure est agrémentée de petits dessins bleus qui font ressortir leur peau doré, crémeuse, nacrée ou lumineuse. Leur bouche rouge recèle souvent des perles éblouissantes.

En mastiquant le souak qui parfume l'haleine, fait les lèvres pourpres et rend les dents d'une blancheur si éclatante, la femme arabe marche à tous petits pas ; on voit en même temps que le mouvement de ses pieds, l'ondulation de ses hanches. Elle cambre fièrement la taille et il se dégage de toute sa personne une étrange séduction dont elle a conscience.

Hiver comme été, la musulmane a le même costume blanc propre ou blanc sale, avec ou sans transparent de couleur. Ainsi légèrement vêtue, elle s'étend la nuit sur le sol nu pour dormir, si elle n'est pas assez riche pour pouvoir coucher sur un tapis ou sur une natte.

Pourquoi est-elle empêchée de porter le burnous qui l'envelopperait si utilement, comme la Française est empêchée de porter le pantalon qui triplerait son agilité ?

Mahomet a interdit de porter le burnous parce qu'avec ce vêtement, a-t-il dit : « Les femmes pourraient avoir une vie extérieure et tromper encore plus souvent leurs maris. » Même sans burnous elles ne s'en font pas faute. Les Arabes avouent avec mélancolie que leurs compagnes ne sont pas comme les Européennes, susceptibles d'attachement.

Le cœur des musulmanes est-il aussi indifférent ? Ne se vengent-elles pas plutôt par une froideur voulue et une coquetterie calculée d'être comme du bétail, un objet de trafic ?

Toujours est-il que leur poitrine peu couverte est très sensible au froid. Sur les plateaux algériens, on ne sait quel nombre de jolies mauresques le froid couche en terre chaque hiver. Si en pays civilisé le préjugé martyrise, on peut dire qu'en pays barbare le préjugé tue.

La mort chez les Arabes

Si les frimas glacent mortellement dans leur robe de tulle ou de calicot, les musulmanes, ce n'est pas parce que ceux de leur race ignorent l'art de conserver la vie : Les Arabes que notre administration évince des bonnes terres, dépouille, dépossède et qui, à bout de privations meurent de faim dans la campagne, ou qui vont hâves, décharnés, expirer dans les villes, possèdent plus qu'aucun peuple du globe, la faculté de reculer l'heure de la mort. D'abord ils sont sobres comme leur chameaux, ils pratiquent par religion l'hygiène (1) ensuite, ils ont des remèdes pour toutes les maladies.

L'Arabe essentiellement observateur, passe pour malpropre auprès des ignorants européens quand il préfère boire l'eau trouble et

(1) La science repandue dans le Coran, au point de vue des prescriptions hygiéniques, dépasse, dit le Dr Grenier, le fond des connaissances acquises par l'humanité au temps où vivait Mahomet.

saine, à l'eau limpide et fraîche, qui donne la colique et la fièvre.

Quel moyen de soulager ou de guérir avons-nous, que les indigènes algériens ne possèdent pas ? C'est d'eux que nous tenons l'application du feu, sur la partie malade de notre individu.

Bien avant que Pasteur n'inocule la rage, bien avant la vaccination de Jenner, ils se sont inoculés la petite vérole pour en atténuer les effets. Ils se font, pour cela, une incision entre le pouce et l'index où ils introduisent le pus d'un bouton de varioleux. Mais ils ne veulent point que ce pus provienne d'une vache ou d'un juif, n'entendant, disent-ils, ni « s'avachir » ni « s'enjuiver » de là, vient leur résistance à la vaccination officielle.

Le Musulman ne se couvre pas seulement d'amulettes quand il est malade, il multiplie les bains maures.

« Le bain est un médecin muet » dit un proverbe arabe.

L'habitant du Sahara qui a la colique ou

la fièvre, croit se guérir en se serrant fortement le gros orteil avec un fil de soie; cependant, il ne néglige pas de s'envelopper le ventre dans une toison d'agneau.

L'habitant du Tell, malade, ne se contente pas de chercher à recouvrer la santé en mangeant sur la tombe des étrangers, il fait usage des « simples », ses toubib (médecins) lui ont appris la vertu des plantes qu'il foule aux pieds.

Il sait quand il doit employer le bou-nafa (père du bien), dont nous avons fait le thapsia, les moutardes, la salsepareille, la douce-amère, le sapindus, les larges mauves, le térébinthe, l'anis, le fenouil, la camomille, le pyrèthre, le ricin, le safran, la sauge, la lavande, la menthe, la verveine... Mais sa médication préférée est l'oignon!

L'Arabe a-t-il mal à l'estomac, il mange de l'oignon. A-t-il la colique, il s'entoure le ventre d'un cataplasme d'oignons cuits.

Si cette panacée le préserve longtemps, elle ne l'empêche pourtant pas d'arriver à notre fin commune, la mort. Il y est d'ailleurs résigné et il répète souvent ce proverbe :

« Il vaut mieux être assis que debout ;

« Il vaut mieux être couché qu'assis ;

« Il vaut mieux être mort que vivant ».

Son fatalisme fait supporter au musulman la douleur avec héroïsme. Quand un fils adoré ou une favorite meurt, il s'exclame stoïquement : *Mektoub !* (c'était écrit !)

Non seulement l'Arabe est résigné à la mort, mais, souvent, las, désespéré, il l'appelle en tombant sur le bord des chemins, où parfois les fauves le dévorent avant qu'il ne soit devenu cadavre.

Comme les Grecs, les Gaulois, les Romains et les Germains, qui voulaient que les chers êtres qu'ils perdaient entrent dans le paradis de leurs rêves parés et agréables à voir, les musulmans font la toilette de leurs morts.

Dès qu'un décès se produit, le cadavre est soigneusement lavé et parfumé. On lui met des aromates, du camphre et du coton dans chaque ouverture naturelle.

Si le mort a été guillotiné, avant de l'ensevelir on lui recoud soigneusement la tête au tronc, afin qu'Allah ne soit pas embarrassé pour le reconnaître.

Si c'est une femme qui est morte, on peigne avec soin ses cheveux, que l'on sépare en deux par une raie au milieu de la tête et qu'on laisse dénoués retomber gracieusement sur sa poitrine, puis le corps est enveloppé de cinq linges blancs. Le cadavre de l'homme n'est enveloppé que de trois linges blancs.

L'hygiéniste Mahomet n'a pas voulu compromettre la santé des vivants en faisant passer les morts par la mosquée ; ils vont de chez eux droit au cimetière, tout comme des libres-penseurs.

Les étrangers s'arrêtent, étonnés, quand ils rencontrent dans les rues des villes ou des villages d'Algérie, une foule nombreuse où les Aïssaouas ont déployé leurs drapeaux ; ou bien un petit groupe d'Arabes silencieux, portant, suivant l'usage, sur le bout des doigts, sous un surtout de moire verte gansée d'or, une sorte de paquet long, informe, que l'on se passe de doigts en doigts. C'est un décédé que l'on conduit à sa dernière demeure, sans discours et sans fleurs.

Ce mort que l'on transporte ainsi, est sans cercueil, il va reposer à même la terre ; aussi, pour le préserver de la dent des chacals et des hyènes, qui infestent certaines régions, aussitôt le cadavre enterré à la profondeur de trente ou quarante centimètres, les Arabes confectionnent autour de lui une petite maçonnerie. On place également sur lui des pierres brutes que l'on couvre d'épitaphes.

Cela n'empêche que beaucoup de cimetières arabes sans clôture, comme ceux que j'ai vu, ne soient, la nuit, le rendez-vous des fauves qui, sentant les cadavres et ne parvenant le plus souvent à les déterrer, épouvantent les vivants de leurs rugissements et cernent pendant des heures leurs demeures en quittant le cimetière.

Les enterrements chez les M'zabites se font la nuit et dans le plus grand secret ; ils ne doivent pas être vus des étrangers à leur religion.

Chez les Kabyles, on creuse la fosse avant que le malade n'ait trépassé ; aussitôt qu'il a cessé de respirer, on l'enterre. Cette précipitation sauvage fait souvent prendre pour morts des évanouis. Quand les malheureux se réveillent dans leur fosse, qu'ils gémissent et frappent, on dit qu'ils reçoivent des coups de « matraque » en expiation de leurs péchés et, au lieu d'ouvrir la tombe, on se jette à genoux dessus, on prie. La torture des ensevelis vivants laisse indifférente l'administration inhumaine.....

Autrefois, quand le roi du Congo mourait, on conservait son cadavre plusieurs mois, puis on le transportait à la tombe en ligne droite, en démolissant tout sur le parcours.

Les rois des Roua sont ensevelis avec des femmes vivantes dans le lit d'une rivière.

Les chefs Dahoméens sont enterrés exactement à la place où ils ont expiré.

Les veuves Pahouïnes sont enterrées nues, peintes en vert.

Chez nombre de peuplades africaines, on ensevelit les chefs morts avec plusieurs vierges vivantes.

Le corps du souverain des Hovas est enfermé dans un canot d'argent.

Les Zabarat, tribus arabes du Soudan, qui adorent le feu purificateur et le soleil vivifiant, enterrent leurs morts la tête tournée vers le soleil levant, puis ils allument un bûcher sur la tombe pour entraîner l'âme du défunt dans un tourbillon de flammes et de lumière.

Le *simoun*, en ensevelissant dans le désert les caravanes, a fait prendre à presque tous les habitants de l'Afrique l'habitude de l'inhumation. On laisse souvent, à côté du mort, des vivres.

Les grands hommes arabes, les saints, les marabouts, comme d'ailleurs les héroïnes ou prophétesses, sont enterrés dans des koubas, dans des mosquées. C'est leur Panthéon, à eux.

Avant d'entrer dans ces blanches koubas qui

émaillent le paysage algérien de leurs coupoles carrées, ces personnages ont préalablement subi un embaumement qui les a momifiés. Ils reposent dans la salle funéraire, sur des espèces de grands lits ou catafalques, ornés de monceaux d'oripeaux de soie multicolore, de drapeaux verts aux croissants dorés, de colliers, de chapelets, d'œufs d'autruche...

Il y a aussi, comme je l'ai dit, des tombeaux de femmes dans les Koubas, tel celui de Lalla Khédidja sur le versant du mont du même nom, dont la crète neigeuse est visible d'Alger qui en est à cent kilomètres.

C'est toujours autour des tombeaux vénérés que se font les serments, que se donnent les mots d'ordre, que se préparent les insurrections. Ces tombeaux sont dans toute l'Algérie assidument visités par les musulmans ; les uns demandent aux marabouts qui les habitent aide et courage, inspiration ; d'autres, leur apportent leurs offrandes.

A toutes fêtes, les femmes se rendent en procession aux tombeaux des marabouts.

Vêtues de blanc neuf, elles marchent en file indienne en faisant retentir l'air de leurs plaintes lamentables ; arrivées près des Koubas elles les entourent et d'un ton aigu, discordant, chantent des sortes de litanies. Puis elles s'assoient sur le sol pavé de faiences vernissées et en riant et mangeant, elles se racontent leurs bonnes fortunes ou leurs dépitements amoureux.

Les mauresques d'Alger vont en grand nombre le vendredi, à la mosquée d'Ab-Er-Halsman — et Tesabli située sur un plateau qui domine la mer au-dessus du jardin Marengo et où — quand j'étais lasse de respirer la brise saline — je ne pouvais pénétrer qu'après avoir ôté mes souliers ; car on ne marche dans les mosquées que pieds nus.

Les musulmanes font toucher aux tombeaux de menus objets, elles m'engageaient à approcher d'eux aussi quelque chose, disant que cela me porterait bonheur.

Dans une petite niche de la mosquée est une aiguière remplie d'eau. Les visiteurs boivent à tour de rôle de cette eau croupie dont le saint est censé s'être désaltéré depuis le vendredi précédent. Souvent de charmantes mauresques m'ont fait la politesse de m'offrir de boire avant elles.

En pays arabe les haillons sont les insignes du deuil. Dans l'extrême Sud les nègres mettent une botte de paille à leur ceinture quand ils sont en deuil.

Dans le nord africain les hommes ne portent pas le deuil de leurs femmes, ce qui ne les empêche pas de les regretter parfois et de dire à la mort d'une épouse : « J'ai perdu une partie de ma fortune, ma femme m'avait coûté cent douros ! Elle savait si bien faire les crêpes au miel et le Kouskous !

Quand leur mari meurt, les musulmanes sont forcées de manifester une grande douleur. En signe de deuil, elles doivent s'abstenir, pendant quatre mois et dix jours, de khol, de henné et de souak, c'est-à-dire renoncer à être belles.

Elles sont obligées de quitter leurs robes

de mousseline et de tulle brodé, leurs mignonnes vestes de satin, leurs fins haïcks, pour se draper dans des sacs en poil de chameaux et dans de vieux débris d'étoffes à tentes. Elles se noircissent les joues avec du noir de fumée, se déchirent, s'arrachent la figure avec leurs ongles au point d'en faire ruisseler le sang. De sorte que, bien que leur cœur soit le plus souvent indifférent au mort, elles paraissent pleurer des larmes rouges ; elles ont la figure couverte de sang, comme nous l'avons inondée de larmes.

Quand les amies et parentes d'un défunt crient et pleurent sur sa tombe après l'enterrement, les tolba et les marabouts les apostrophent en ces termes : « Femmes ! laissez le mort s'arranger avec Azraïl ! (l'ange de la mort) qui établit la balance de ses bonnes et de ses mauvaises actions. Vos lamentations sont une révolte contre l'ordre de Dieu ! »

A Alger comme à Constantine et à Oran, la mortalité musulmane dépasse la natalité. Ailleurs les naissances l'emportent beaucoup sur les décès puisque en dix ans, la population algérienne arabe a pris un si grand accroissement.

Le climat algérien endort, éteint l'énergie. L'alanguissement de tout l'être, ôte le pouvoir de penser, de vouloir comme en France et la mort traitreusement, sans qu'on la sente venir, saisit.

Après l'enterrement, les riches font servir aux pauvres une immense diffa. Cela vaut bien notre repas des funérailles entre héritiers, du mort, se montrant les dents.

Les Touareg si courageux, si braves, ont une peur affreuse des esprits et des revenants ; aussi, se gardent-ils de pleurer leurs morts, de peur de les voir ressusciter.

Dès que l'enterrement a eu lieu, ils changent de camp afin de mettre l'espace entre les vivants et le mort ; ils ne donnent même point au fils le nom de son père, le nom meurt chez eux, avec l'homme qui le portait.

Cet anéantissement du souvenir de l'être perdu, jure avec le culte qu'ont les arabes pour leurs grands morts et caractérise de réelles différences de mœurs, entre les nomades du Sahara et les habitants du Tell.

Le Paradis et les Houris

Le mahométisme maintient dans le Paradis l'inégalité des sexes qu'il a établie sur la terre ; car, bien qu'il ait donné à la femme la capacité légale, morte ou vivante, dans le ciel comme dans le désert, la musulmane n'est que pour le plaisir de l'homme.

On sait qu'on ne peut toucher le Koran sans avoir fait une ablution ; mais l'eau même ne lave pas, dans certaines circonstances. Pendant les menstrues et pendant ses couches, il est défendu à la femme, eût-elle fait cent ablutions, de toucher au Koran.

Elle prend ce qu'elle veut de la croyance commune, on s'occupe peu de sa foi.

« La femme à l'âme d'un chien » ; inutile

qu'elle aille à la mosquée, car cette créature sans vertu troublerait les hommes par sa présence. Il est donc superflu de dire que si chaque croyant musulman peut, à l'occasion, remplir l'office de prêtre, les femmes ne peuvent en exercer le rôle.

Nous sommes loin, comme on voit, de l'époque où la cheikesse Chohdah, surnommée la gloire des femmes et rangée parmi les savants de l'Islamisme, donnait dans la grande mosquée des conférences publiques, où elle expliquait le livre des « Défaites ou Infortunes des amants. »

Le Vendredi est le Dimanche des Arabes. La femme doit en ce jour, consacré à Dieu, tisser comme les autres jours les tapis et les burnous, moudre la farine d'orge, car le Koran blâme qui imite les infidèles chrétiens ou juifs en s'abstenant de travailler ce jour-là.

Les catholiques libéraux et anti-sémites de France préconisent l'alliance et non la fusion franco-arabe, parce qu'ils ont des préjugés de race.

Combien ce grand metteur en scène défunt, Lavigerie, fut mieux inspiré qu'eux, quand, ne se contentant pas de faire planter aux frais des contribuables et des gens charitables, par les orphelins arabes, des milliers d'hectares de vigne, dont sa famille hérita ; il releva les nègres, en honorant à Notre-Dame d'Afrique une madone du plus beau noir, une vierge nègre !

La mosquée ne rassemble le vendredi que la moitié de la nation musulmane, les hommes ; les rares femmes qui s'y rendent vont là pour causer, non pour prier. Je les vois encore, ces femmes s'accroupir dans une nef, séparées des hommes et parler entre elles de toutes choses étrangères à la religion. Elles me forçaient à m'accroupir comme elles, ce qui me brisait les jambes ; elles comptaient mes jupes, détaillaient mes vêtements ; il est vrai, qu'en revanche, elles me laissaient complaisamment satisfaire ma curiosité et soulever le voile qui masquait leur visage.

Il y a, dans le Sahara, des femmes qui,

comme les marabouts, rendent dans les Zaouïas des oracles. On vient de loin leur demander de résoudre des différends et l'on se soumet aux jugements qu'elles rendent.

Toutes les femmes Touareg savent lire et écrire ; alors que grâce à nous, civilisateurs, les Mauresques d'Alger croupissent dans la plus grande ignorance.

Les femmes qui ont fait le pélerinage de la Mecque, sont pour le reste de leur vie célèbres dans leur tribu. Seulement, après leur mort, elles n'ont, comme toutes les autres musulmanes, droit, dans le Paradis de Mahomet, qu'à une soixante-douzième partie de mari ; en d'autres termes, un homme a, pour lui seul, soixante-douze houris.

Comment donc Mahomet fera-t-il, quand il n'y a pas même une femme pour chaque homme, pour en donner soixante-douze à chaque Mahométan ? La multiplication des femmes aura donc lieu comme a eu lieu la multiplication des pains ? Sans doute, puisque d'après le Koran, la femme est uniquement créée pour composer à l'homme un harem éternel et lui procurer des joies et des plaisirs ininterrompus.

— A qui, dans l'autre monde, appartiendra la femme qui a épousé plusieurs hommes ?

Le prophète répond que ses maris la tireront au sort.

La cruauté divine envers la femme et l'habitude prise par les hommes de la laisser hors de la religion, prédisposent peu les Musulmanes à s'occuper de l'au-delà de la vie.

N'attendant pas dans le Ciel de bonheur, la femme arabe le cherche sur la terre. Pour elle, la suprême félicité est de plaire, d'inspirer de l'amour ; aussi le Cadi, auquel elle va se plaindre quand elle n'est point satisfaite de son mari, lui donne-t-il droit souvent en disant : « Je te comprends, car je sais que la religion des femmes, c'est l'amour ! »

Devineresses

Si les musulmanes ne croient guère à une autre vie et ne se mettent point en peine de la mériter, elles pensent que les influences occultes peuvent puissamment aider à épuiser dans celle-ci, la coupe des jouissances ; aussi, consultent-elles volontiers les devineresses et font-elles preuve envers elles, d'une vraie crédulité orientale.

L'Afrique est le pays béni des magiciennes. Les diseuses de bonne aventure n'attendent pas dans leur appartement ou dans leur maison roulante les clients, elles vont à domicile. Elles s'annoncent elles-mêmes dans les rues d'Alger en criant : *Guézano ! Guézano !* (je tire la bonne aventure).

Ce sont en général d'anciennes femmes galantes qui échappent à la misère, en s'attribuant la prestigieuse puissance de lire dans l'avenir.

En entendant crier *Guézano !* des européennes rieuses apparaissent aux balcons et parfois font signe à la sybille de monter chez elles. Celle-ci après nombreuses invocations, examine leurs mains et leur fait des prédictions que le hasard se plait quelquefois à sanctionner.

Les Aïssaouas, ces mangeurs de fer rouge et de verre pilé qui épouvantent et stupéfient les habitués des cafés Maures des villes du littoral en jonglant avec la vipère à cornes dont la piqûre est foudroyante, sont le plus souvent accompagnés de négresses jeunes et jolies et de vieilles gonzana à la machoire édentée, au nez bourré de tabac qui disent à chacun sa bonne aventure.

Les prédiseuses d'avenir vont par groupe de trois ou quatre. Des hommes les arrêtent au passage et là, en pleine rue, elles leur annoncent ce qui doit leur arriver. Pauvreté ou fortune, vie ou mort, malheur ou succès en amour !... Tout cela débité dans un langage pittoresque, souligné de force gestes.

Chacun de rire, elles, en bonnes filles rient aussi ; elles touchent leur dû et vont gaiement à la recherche de nouveaux clients.

Qu'il y a loin d'elles, à nos sybilles revèches, insultant l'amoureux naïf qui avoue ne pas voir dans le sceau d'eau le portrait de celle qui doit l'aimer ! Mais elles sont nombreuses et les clients sont rares ; aussi, les jours de pluie ces sorcières la *melhafa* et le *haïck* maculés de boue, poursuivent jusque sous les portes cochères la promeneuse qui s'y met à l'abri, de leurs offres de service. De gré ou de force, elles lui prennent la main. Voyant son effarement : « N'aie pas peur, disent-elles, tu es femme et je suis femme, mets une piécette dans ta main, et je vais te raconter ton passé, ton présent, et ton avenir ».

Les sorcières arabes ne font pas seulement profession de prédire ce qui doit arriver à chacun, elles passent pour connaître la propriété d'herbes avec lesquelles elles confectionnent des breuvages qui ont la faculté de diminuer ou d'augmenter, à volonté, la génération, de forcer la gaieté, l'amour ou de satisfaire la haine.

Dans le Sahara, c'est à de vieilles mulâtresses et aux tolba (savants), qui cumulent le rôle d'alchimistes et de magiciens, qu'hommes et femmes vont demander le philtre composé d'herbes spéciales et préparé avec des invocations effrayantes, qu'on mêle aux aliments de celui ou de celle dont on veut se faire aimer.

Chacun sait que d'un crapaud mâle et d'un serpent femelle du désert, incinérés ensemble, il résulte une poudre qui fait suivre où l'on veut celui qui en a absorbé une pincée.

En Algérie, les prédiseuses d'avenir transportent généralement avec elles leurs instruments de travail : un vase où brûle l'encens, une canne pour tracer les signes cabalistiques et une émeraude qui assure la lucidité.

Des négresses guérissent les esprits chagrins dont la mélancolie a résisté à la salive passée derrière l'oreille, en leur oignant le front avec le sang chaud d'une demi-douzaine de poules blessées à mort.

Afin de pouvoir se procurer suffisamment de poules pour ces sacrifices, elles ont appris aux indigènes à pénétrer dans les poulaillers, en marchant à quatre pattes, le corps nu, enduit de graisse de hyenne. Les chiens, terrifiés par l'odeur de la hyenne, n'aboient pas et les larrons, à l'aide de fumées de résine, endorment les poules, les mettent dans leurs paniers.

Il y a des devineresses qui observent la marche des serpents, d'autres la marche des nuées. Celles-là lisent dans les étoiles, celles-ci interprêtent les sables sonores et déchiffrent ce qui est écrit sur les rochers.

Tolède est la capitale des magiciens ; mais c'est au Maroc qu'on trouve surtout les merveilles du monde magique. A vingt jours de Souss, près d'une montagne qui parle, vivent les plus célèbres sorciers et sorcières du monde ; ils y ont établi une école d'alchimie et de nécromancie, qui est fréquentée par de nombreux élèves qui se répandent ensuite dans les tribus africaines, où ils sont toujours les bienvenus.

Un devin gagne largement sa vie, chez les Arabes qui protègent leur demeure par la marque des cinq doigts et qui pensent se débarrasser de leurs maladies, en les faisant passer dans les tiges d'alfa. On voit fréquemment dans le désert des voyageurs descendre de cheval ou de chameau, s'accroupir près d'une touffe d'alfa, dont ils nouent ensemble les pousses nouvelles, croyant y attacher leurs souffrances.

Tout est surnaturel, pour les rêveurs en burnous. Les puits artésiens font leur émerveillement. « Les Français, créateurs des eaux vives, ont, disent-ils, retrouvé la clef des eaux souterraines, cachée par les magiciens ».

Ils attribuent aux plantes et aux animaux un pouvoir parfois prestigieux. Ainsi, si l'attouchement du lion a des effets prolifiques, les grands lézards d'un mètre, qu'on trouve dans le Sahara, peuvent, en les frappant de leur queue, rendre la femme stérile et l'homme impuissant.

Certaines tribus de l'Afrique gardent au fond d'un sanctuaire un tigre orné de fétiches. On lui offre des moutons, des volailles, du maïs, on exécute des danses en son honneur.

Ailleurs, c'est le crocodile qui est un animal sacré. Agiter une lame au-dessus des eaux qu'il habite, est un crime capital.

Tout Israël se prosterna pendant cinq cents ans, devant le serpent d'airain.

L'ours est une divinité dans le Nord, le jaguar au Brésil, le crapaud dans l'Amérique du Sud, l'araignée dans les îles du Pacifique.

Tous les ans, un bourreau égyptien jette, en grande pompe, dans les eaux dévorantes du Nil, une magnifique poupée. Autrefois, c'était une jeune fille vivante qui était lancée religieusement dans le fleuve, afin d'obtenir par ce sacrifice une récolte favorable.

Les prédiseurs d'avenir (1) sont, d'après les Arabes, plutôt inspirés par diable que par Dieu ; cependant, ils louent Allah, ils crient au miracle, quand ils ont reçu d'eux, sous forme d'amulettes, des petits papiers entière-

(1) Kamal Mohammed, dans son livre « Respect aux droits de la Femme dans l'Islamisme », les appelle maîtres en friponneries.

ment blancs et qu'après avoir été portés sous la *gandoura* ou la *melhafa*, à même la peau, pendant trois jours, ces papiers blancs, travaillés par des compositions savantes, apparaissent couverts d'écriture. O sainte chimie ! De combien de miracles n'es-tu pas l'auteur !

Cervelle de jeune fille

En pays arabe, où les filles sont épousées presque aussitôt que nées, une vierge est rare. Elle est d'autant plus prestigieuse : ses cheveux et ses ongles, déjà teints de henné, sont capables de retenir, suspendu en l'air, le rocher détaché de la montagne, aussi longtemps que celui qui les porte est en danger d'être écrasé par son poids.

La possession d'une dent de petite musulmane, donne à son propriétaire le pouvoir de faire coucher à ses pieds les animaux les plus féroces.

Mais la partie du corps de la jeune Arabe qui possède la suprême vertu, c'est la cervelle ! La cervelle d'une vierge musulmane ne préserve pas seulement de tous les maux, ne guérit pas seulement de toutes les maladies, elle donne à ceux qui ont le rare bonheur de la posséder et qui la portent enfermée dans son étui métallique, sous le turban, la faculté de pénétrer tout ce qui est caché et d'être éclairé dans toutes les sciences. Si Mahomet a été un homme si remarquable, c'est, paraît-il, parce qu'il portait, appliquée sur le crâne, une cervelle de jeune fille. Ces bons Arabes, aident, comme on voit, M. Manouvrier à réhabiliter le cerveau féminin.

Pour se procurer la magique cervelle, on n'hésiterait pas à l'arracher de la tête d'une enfant vivante. Mais ce crime est impossible, les petites Arabes, étant une valeur, une marchandise de prix, sont étroitement surveillées. Alors, pour avoir des cervelles de vierges, on viole les sépultures. Un cheik vient encore d'informer la justice, que la jeune Sahéli

Halima bent Amar, inhumée la veille à Mansouriah, avait été déterrée dans la nuit et que sa cervelle avait été extraite de son crâne.

L'amour fait talisman

Parmi les amulettes des peuples naïfs, il en est de bien dignes d'inspirer le respect aux civilisés : telle l'amulette faite en terre pétrie de larmes qu'on porte sans cesse aux lèvres, pendant l'absence des voyageurs.

Quand les Arabes partent de chez eux pour une expédition, une guerre, un long voyage, ils ne disent adieu à aucune femme de leur famille, cela paraît-il, leur porterait malheur. Mais leurs mères, leurs épouses, leurs filles, accompagnées de parents et d'amis, les suivent furtivement, baignant de larmes la trace de leurs pas. Quand ils montent à cheval et disparaissent à l'horizon, celles qui les aiment sont courbées sur la route, pour recueillir précieusement la terre qu'ils ont foulée.

De cette terre mouillée de larmes, on fait des amulettes que tous ceux qui s'intéressent aux disparus portent sur leur cœur, comme des reliques avec la sainte croyance que ce témoignage d'affection ramènera sains et saufs les voyageurs au logis. Cet amour fait talisman, est bien suggestif. Nous n'avons pas, nous, civilisés, trouvé, pour prouver notre attachement, quelque chose d'aussi réellement touchant dans sa simplicité.

Quand un homme veut se faire aimer d'une femme indifférente, il doit porter sur lui une amulette qui a été écrite par un *taleb* nu, avec une plume taillée dans le bois du laurier-rose mâle, trempée dans l'encre jaune.

Un marabout renommé se fait parfois payer quatre ou cinq douros, pour écrire une amulette préservatrice des maladies ou des voleurs.

A côté des amuletttes bienfaisantes, il y a des amulettes redoutables. Celles qui contiennent des poils de chacal, rendent le cœur lâche ; celles sur lesquelles on a craché trois fois, attirent la mort sur ceux qui les portent.

Les Français se moquent volontiers des amulettes. Les petits sachets de cuir contenant les versets de Koran que l'on place sur le cœur, que l'on suspend au cou ou au bras, ne sont pas cependant plus ridicules que nos scapulaires et nos médailles.

Les Caravansérails. — Le Désert. — Laghouat

Les croyances qui bercent les êtres primitifs, éveillent une ardente curiosité chez les civilisés qui bâtissent sur les hypothèses. Aussitôt débarqués en Algérie, les européens rêvent de connaître le beau pays mystérieux et magique ; seulement ils voudraient pouvoir le visiter comme ils ont visité la France et l'Italie, c'est-à-dire commodément. Ils prennent le chemin de fer pour aller voir Oran, Constantine ; d'aucuns poussent une pointe jusqu'à Biskra, toujours en chemin de fer, mais quand il s'agit, et pour cause, de quitter ce mode de locomotion usuelle dans les pays civilisés, beaucoup hésitent et finalement, renoncent à parcourir le petit désert, plutôt que de monter dans les guimbardes antédiluviennes, où les entrepreneurs de transports entassent les voyageurs.

La diligence est déjà remplie de paniers, ballots, couffins et d'arabes leurs propriétaires quand les Européens s'y empilent au point de ne pouvoir faire un mouvement, de ne pouvoir remuer un pied, pendant des heures et des heures. Ce supplice d'être ainsi pressé et forcé à la plus complète immobilité, rompt le corps et brise les nerfs.

Dans les solitudes immenses aux horizons sans fin, au silence effrayant, où l'on ne voit pas voler un oiseau, où l'on ne rencontre ni humains, ni animaux, ni arbres, où l'on a sur la tête l'éblouissant ciel bleu et l'ardent soleil et sous les yeux le sable ou le roc, on a disposé de distance en distance, pour assurer les relais des chevaux et la subsistance des voyageurs, des auberges du désert appelées caravansérails.

On ne les aperçoit pas de loin, tant ils semblent prendre soin de se dissimuler.

Ils sont formés de quatre bâtiments, parfois fortifiés, qui renferment une vaste cour au milieu de laquelle coule une fontaine ombragée de verdure. Des murs bas enclosent les bâtiments plus bas encore.

Le soir arrivent de tous côtés les diligences remplies de voyageurs, les caravanes et les convoyeurs, les longues files de chameaux chargés de marchandises et de produits précieux, les cavaliers de race et de costumes différents. Les auberges du désert qui logent toutes les nations, entendent, comme à la tour de Babel, parler toutes les langues.

Un vieil indigène, assis à l'entrée du caravansérail, accueille gracieusement tout le monde, aussi bien les pauvres fellahs, que les riches convoyeurs des régions lointaines.

Les détenteurs des caravansérails sont surveillés, inspectés, l'abri et les repas qu'ils fournissent sont taxés. C'est pour cette raison sans doute qu'ils servent à trente personnes le dîner de trois.

Ce ne sont cependant pas leurs approvisionnements qui sont coûteux. Nous avons vu le cocher de la diligence, acheter pour eux à un berger, après prix débattu, un mouton de son immense troupeau pour un franc cinquante centimes.

Tout ce qui est pris en dehors de la table d'hôte, échappe au tarif, et est par conséquent, côté un gros prix par ces hôteliers rapaces; mais la faim et la soif, sont dans le désert trop violentes, pour pouvoir marchander.

Bien avant d'arriver au *Rocher-de-Sel,* le sol est saupoudré de matières blanches et étincelantes. Sur les bords des ruisselets, des ruisseaux et des rivières, se trouve aussi du sel. Enfin les yeux sont éblouis par ce spectacle féerique, une montagne de sel que le soleil dore, argente, drape des plus riantes couleurs. Le rocher de sel émerveille les voyageurs auxquels il apparaît comme un bloc de diamants et de pierres précieuses.

Après les cuvettes superposées qui se succèdent, en éveillant chez le voyageur l'idée de lacs, de mers disparus, viennent les mamelons de poussière rose, lilas, dorée, argentée, que le vent soulève en tourbillons, en faisant retentir l'air d'une musique dont vos oreilles sont émerveillées. Le phénomène des sables sonores, simule en même temps qu'un bruit de vagues, le son du tambour.

On fait des lieues et des lieues sans voir un homme. On passe une demi-journée sans apercevoir un oiseau. Solitude effrayante, silence lugubre, tel est le petit désert. On le traverse en cuisant le jour et en gelant la nuit.

L'air que l'on respire dans ces espaces immenses, est par exemple absolument salubre et fortifiant. On serait malade ailleurs, si l'on était soumis aux fatigues et aux privations de sommeil et de nourriture qu'on y endure. Là, malgré toutes les souffrances, l'énergie vitale est augmentée. Comment se fait-il, qu'un médecin entreprenant n'ait pas déjà établi dans le petit désert, un *sanatorium* pour anémiques ?

La diligence ayant été dans le précédent voyage attaquée, une petite troupe de gens d'armes nous escorta au mauvais passage, d'un relais à un autre des spahis galopaient à la portière et coupaient de leur brillant uniforme, la monotonie du paysage et de leur gais lazzis, l'épouvantable silence du désert.

L'un de ces spahis enlevait une mauresque. Pour mieux dérouter son mari et les arabes partis à sa recherche, il l'avait affublée d'un costume européen ce qui la rendait disgracieuse, sans cacher son origine écrite sur sa figure et sur ses mains par le tatouage.

Cette mauresque aussi bonne mère qu'infidèle épouse, n'avait pas voulu se séparer d'une mignonnette de trois ans qu'elle mangeait de baisers. Tous les voyageurs, cela va sans dire, s'intéressaient aux amoureux.

La pauvre humanité sent si bien que dans

cette triste vie, la seule chose bonne est l'amour, que son cœur va d'instinct, à ceux qui en souffrent ou qui en jouissent !

Nous eûmes bientôt à essuyer une vraie fusillade, ce n'étaient point les brigands qui avaient surgi ; mais le mari outragé qui réclamait son bien.

C'est au son de la trompe que la diligence franchit triomphalement la porte de Laghouat, tout le monde est sur le seuil pour la regarder passer. Quand on l'a vue, on la suit, on se transporte en foule au lieu où elle s'arrête. L'arrivée de cette diligence est un événement, n'apporte-t-elle pas dans ses flancs le courrier ! C'est-à-dire des nouvelles d'Alger et de la métropole ?

Laghouat est un pays étrange où rien ne ressemble à ce que l'on a vu ailleurs. Les femmes de Laghouat ont un costume de coupe théâtrale, qu'il soit fait de brocart ou de haillons, toutes, elles portent élégamment le péplum antique.

Le matin, les habitants sont réveillés par

les fifres des bergers qui conduisent aux champs les immenses troupeaux de chèvres et de moutons de tous les indigènes ; ces bêtes ont suspendue au cou une clochette qui carillonne gaiement.

Puis viennent les turcos à l'uniforme pittoresque, aux musettes qui dans ces sites sauvages jouent des airs que l'on n'a jamais entendus.

On est surpris de trouver aussi bien, ce poste avancé, cette avant-garde du désert qui ne compte pas 4.000 habitants. Les rues sont larges, les maisons bien alignées construites en briques rouges sont toutes à arcades. Des jardins partout, d'où déborde la verdure, et, si ce n'étaient les carrés d'habitations arabes construites en terre séchée au soleil, sans fenêtres, sans jour extérieur, on pourrait se croire dans une ville du littoral.

La mosquée placée sur une hauteur est joliment ornée de faïences vertes.

Le lendemain de notre arrivée, on nous donna dans un jardin une branche de cerisier chargée de fruits. C'est que les arbres d'Europe croissent là-bas à l'égal des palmiers et que les jardins de légumes et d'arbres fruitiers font à Laghouat une ceinture.

En creusant le sol, on ne trouve ni sable, ni roc, ni pierres; mais l'humus noir à la profondeur de plus d'un mètre; aussi, avec quelle vigueur tout croît, légumes, fleurs, fruits. Il est vrai que dans ce pays brûlant, l'humidité est soigneusement entretenue autour des plantes. Les arrosements se font administrativement, à jour et heure fixe, par un ruisseau intelligemment détourné de la M'zi.

Un jour, je vis un arabe grimpé sur un palmier de notre jardin qui chantait à tue-tête. Intriguée je m'informe. On me répond que le chanteur est en train de féconder les palmiers femelles en semant sur leur tête en fleur du pollen de palmiers mâles. L'acte accompli on donne une pièce de monnaie à l'opérateur.

L'exubérance de vie qui se manifeste dans l'oasis de Laghouat, se traduit parfois désagréablement pour les habitants. Non seulement les plantes croissent et se multiplient rapidement, mais aussi les insectes, mais aussi les reptiles.

En se levant le matin, il n'est pas rare que l'on sente en mettant ses pantoufles, un obstacle froid et mou qui remue sous le pied. C'est un crapaud.

Les souris bâtissent des nids dans le sommier de votre lit, ce qui ne trouble pas peu le sommeil. Le soir quand vous lisez votre journal elles viennent par couple sur votre épaule, vous regardant curieusement en agitant la queue.

Quant aux serpents, ils sont si nombreux, qu'ils pénêtrent chez vous sans façon, entrant par la fenêtre quand la porte est fermée.

Je ne parle que pour mémoire des poux que l'on trouve, en dépit de la propreté la plus méticuleuse, journellement dans ses vêtements ou dans son lit.

Malgré ces petits désagréments, Laghouat impose son souvenir, on rêve de la revoir quand on l'a déjà vue. Y sera-t-on autant attiré, quand on pourra, grâce au chemin de fer, plus facilement la visiter ?

Oui, car on voudra regarder de nouveau les étoiles qui sont à Laghouat lumineuses comme des soleils et aspirer la brise salubre du large de la mer de sable, autrement pure et tonifiante que celle des océans.

Les Sauterelles

La radieuse Algérie recèle, avec des poux et des serpents, les sauterelles dévastatrices.

Quand, par les chaudes journées de juillet, les Parisiens qui s'amusent sur les pelouses du Bois-de-Boulogne, à saisir au vol les jolies sauterelles vertes ou grises qui animent la nature et se fondent dans son harmonie, songent-ils, qu'à une journée de France, des sauterelles plus grosses, autrement costumées que celles qu'ils ont sous les yeux, sont un fléau que l'on combat, une calamité contre laquelle se porte, par instant, tout l'effort algérien ?

Ces sauterelles qui habitent le désert agissent, quand le famine les pousse, exactement comme les peuples affamés qui, sous prétexte de guerre, vont se refaire chez leurs voisins ; elles se forment en myriades de légions qui s'abattent sur l'Algérie luxuriante et dévorent toute végétation. Cependant, ce n'est encore rien ; ces sauterelles si nombreuses, qu'elles deviennent des nuages qui obstruent la lumière du soleil d'Afrique, qui arrêtent voitures et trains, dans leur marche, pondent là ou elles s'arrêtent chacune de 80 à 100 œufs qui, une fois éclos, sont ces criquets voraces qui nettoient mieux le sol que ne le ferait l'incendie ; qui, « lorsque l'herbe et la feuille manquent, mangent le bois, qui, lorsque le bois manque, mangent la pierre ! »

Chacun, naturellement, chasse ces destructrices du mieux qu'il peut. Lors d'une des dernières invasions, un maire requis un grand nombre d'Arabes pour détruire les criquets sur ses terres de Belkacem ; comme il ne les payait pas, les Arabes travaillèrent trois jours, puis ils refusèrent de laisser manger plus longtemps leurs récoltes, pour passer leur temps à protéger gratuitement celle du maire.

Le magistrat municipal leur fit dresser procès-verbal et le juge de paix de Dellys en condamna pour ce fait soixante-douze à cinq jours de prison et quinze francs d'amende.

Le gouverneur auquel on en appela de cette injustice, ne voulut pas faire casser le jugement qui consacre la domesticité gratuite et obligatoire, des Arabes envers l'autorité algérienne.

Les sauterelles ne redoutent réellement que les cigognes qui s'alignent en bataille pour démolir à coups de bec le mur vivant qu'elles forment en volant.

Les terribles acridiens que l'on combat par le bruit, la fumée et les toiles étendues (appareils cypriotes), ont prouvé qu'ils se riaient de ces obstacles en venant s'abattre en plein Alger. Quelques compagnies arrivèrent d'abord en éclaireuses (ce sont les mâles qui marchent les premiers), puis ce ne furent plus des compagnies de sauterelles qui se montrèrent. mais le tourbillonnement incessant d'une armée de scarabées d'or étincelant sous le soleil, dans le ciel bleu, ressemblant — couleur à part — au tourbillonnement des flocons de neige, par leur nombre et leur rapidité.

Dans leur vol vertigineux, ces flocons d'or vivants sont superposés ; les uns touchent aux nues ; les autres rasent la terre. Les sauterelles laissent en passant tomber les preuves de leur digestion ; terrasses et balcons sont, après chaque vol, maculés. Elles-mêmes ne dédaignent pas de s'abattre sur les fleurs et la verdure ; elles tombent nombreuses par les cheminées.

Cette invasion des sauterelles qui fait l'amusement des citadins d'Alger, le désespoir des colons et des indigènes et est pour tout le monde la famine en perspective, offre un spectacle curieux ; on oublie le boire et le manger pour regarder les vols ; enfants et grandes personnes saisissent au passage ces bestioles, on se les renvoie en riant ; on dirait de cette calamité une fête.

On fait des chapelets de sauterelles, on en met sous globe ; chacun est jaloux d'essayer dans un bocal sa petite expérience, pour la ponte des pélerins et l'éclosion des criquets. J'en ai enfermé comme tout le monde ; ce que voyant, notre Arabe me demande : « Tu veux en manger ? » Je n'ai pas — tant nos préjugés sont grands pour tout ce qui touche à la nourriture — osé en goûter. On assure que leurs cuisses ont un vague goût d'écrevisses et un chimiste, qui les a analysées, certifie qu'elles sont onze fois plus nourrissantes que le bœuf.

Dans le sud de l'Afrique, ces insectes salés, séchés, sont pour beaucoup de tribus la base de l'alimentation ; certaines les réduisent en poudre et en font du pain. Les nomades les mangent aussi bien crues que cuites. C'est pour eux la manne tombée du ciel.

Mahomet a autorisé dans le Koran l'usage des sauterelles ; malgré cela, je crois que peu d'habitants du Nord africain s'aviseront de s'en nourrir ; ce serait peut-être cependant prudent d'en faire des conserves qu'on mangerait durant la disette, quand les plaines fertiles de l'Algérie se seraient transformées en une immense mer grouillante et jaune.

Sans interruption, les bataillons ailés succèdent aux bataillons, forment des nuées immenses qui montent du Sud au Nord, empoisonnant des cadavres de leurs traînards les citernes et les rivières.

C'est en présence de cette calamité, qu'on peut se demander pourquoi les hommes qui ne savent enrayer ni la ruine, ni la mort sont seuls au gouvernail ? Si les femmes y avaient leurs places, est-on certain qu'elles n'auraient pas — avec leur prévoyance et leur intuition — trouvé le moyen de paralyser l'action des sauterelles ?

Des malheureux, hommes, femmes, enfants, ramassent les sauterelles qui sont achetés un franc le sac de vingt-sept kilogs par la municipalité algérienne.

Au mol appel fait pour combattre le fléau, la population ne répond pas en nombre, alors qu'il faudrait que contre cette monstrueuse invasion, l'Algérie tout entière se rue avec entrain.

Sur le crédit ouvert pour organiser les secours et la défense, les habiles et les protégés obtiennent de gros dédommagements ; mais les tout petits colons ? mais les indigènes ? Qui pense à eux ? Seront-ils donc toujours comme en 1867, condamnés à mourir de faim et à empoisonner l'air de leurs cadavres, laissés sans sépulture dans leurs champs dévastés ?

Il ne faut pas oublier qu'en prenant possession de l'Afrique, les Français ont assumé en même temps que le pouvoir, la responsabilité des êtres et des choses. Ils ont pris charge de corps en même temps que charge de terre.

L'Arabe attend des occupants français, — qui n'ont malgré leur science et leur civilisation, pu prévoir et prévenir mieux que lui, l'invasion des sauterelles —

la possibilité de subsister quand elles ont dévoré ses récoltes.

Tout le monde est d'accord pour vouloir peupler notre vaste territoire africain, et chacun convient que cela n'est pas déjà si facile. Eh bien ! commençons donc par empêcher de mourir de faim les Arabes qui habitent ce territoire.

Notre sollicitude envers eux peut seule sauvegarder le résultat des efforts humains dans l'Afrique Française.

Ma Gazelle Yzette

Quand on s'avance vers le sud de l'Afrique, ballotté par une de ces diligences primitives dans des chemins seulement tracés, on rencontre souvent des gazelles par troupes de sept ou huit. En les voyant s'enfuir, sans effleurer la terre, comme des oiseaux, les voyageurs les plus blasés, poussent un cri d'admiration, et, si fugitive qu'ait été leur apparition, chacun pris à leur irrésistible charme, caresse le désir d'en posséder, d'en ramener à Alger, où elles vivent juste assez de temps pour être adorées et laisser inconsolables leurs parents d'adoption. C'est sans doute pour cela qu'on les a nommées « bêtes à chagrin. »

Cependant, n'est-ce pas pour les gazelles que l'on a créé, au quatrième étage de tant de maisons d'Alger, ces terrasses, vrais jardinets suspendus, dont les tonnelles embaument le chèvre-feuille ? Mais que sont quelques mètres carrés pour des êtres qui n'ont pas trop pour bondir de l'immensité du désert ? Ceux qui les y séquestrent subissent bientôt le châtiment de leur crime, en les voyant à l'apogée de la grâce, de la gentillesse, de la familiarité, mourir !

Captivés par ces séductrices du désert, nous avons pendant un séjour dans le sud Oranais, élevé trois gazelles : *Mina*, que sa haute taille nous a forcé de confier à des amis, *Ali* et *Yzette*, couple ravissant que nous avons amené à Alger, pour de là le transporter en France. Notre petite gazelle mâle baptisée Ali qui souriait en montrant ses dents avait de suite été familière et caressante.

Ali se dressait droit sur ses pieds de derrière en appuyant ses pieds de devant à ma ceinture, et il articulait des sons semblables au zézaiement d'un enfant ; ce qui faisait dire que j'avais une gazelle qui parlait.

Yzette était, comme beauté et intelligence, la perfection de sa race. Quand on me l'apporta, toute petite, son poil était une soie, ses jambes des allumettes ; avec cela des yeux immenses, rayonnants ! Je n'avais jamais rien vu d'aussi beau. Emerveillée, je la pris dans mes bras, d'où elle s'échappa ou plutôt s'envola comme un oiseau. Mon admiration pour ce petit bijou du désert me poussait sans cesse à l'enlever de terre, pour la presser sur ma poitrine et la couvrir de baisers. Chaque fois elle s'échappait avec la même impétuosité, se blessant ses fines jambes, me faisant des noirs et déchirant ma robe de haut en bas.

C'était Yzette qui tétait la plus grande partie du lait de la chèvre blanche qui servait aussi de nourrice à Ali et à Mina.

Lorsque nous emmenions nos gazelles brouter les fleurs — fleurs de nos jardins de France, qui foisonnent à l'état sauvage sur les plateaux algériens — je tenais le ruban attaché au collier d'Yzette et, en même temps que sa bouche, ma main cueillait pour les lui offrir, ses plantes préférées.

On ne peut dépeindre la nervosité de ce petit être électrique : Dès qu'elle apercevait un animal ou une silhouette humaine, elle courait affolée. Avec la force prodigieuse emmagasinée dans son corps minuscule, elle m'entraînait à la maison, où elle arrivait essoufflée, baignée de sueur et sa petite langue grise hors de la bouche.

Il est bien difficile, de transporter les gazelles d'un pays à un autre, sans les blesser. Pour les ramener à Alger, nous avions mis Yzette et Ali dans un couffin au fond rembourré, au-dessus recouvert d'un voile qui protégeait leurs jolies têtes.

Pendant le voyage, nous négligions de manger aux relais des diligences, nous oubliions aux gares l'enregistrement de nos bagages, tant nous étions occupés d'elles ! A Relizane, malgré nos supplications, on les avait mises avec les marchandises ; alors, à chaque arrêt de quelques minutes, je me précipitais dans leur wagon, je m'agenouillais devant le couffin qui les contenait et je leur égrenais des raisins dans la bouche.

En arrivant à Alger, Yzette et Ali fatigués par trois jours d'immobilité, restèrent vingt-quatre heures sans vouloir manger.

Nous avons pu, mais avec beaucoup de peine, les garder à l'hôtel dans un salon attenant à notre chambre.

Ces mignonnes, pleines de vigueur, n'étaient pas toujours sages. Un jour elles eurent pour voisin un curé : celui-ci entendit la nuit leurs trépignements, leurs plaintes, leurs cris et en fut effrayé. Il descendit au bureau et dit à la propriétaire :

— « Madame vous avez au nº 6 quelqu'un de bien malade ; c'est un homme qui ne passera pas la nuit, je crois qu'il agonise ; en l'entendant hoqueter, se débattre, lutter contre la mort, je me suis levé et je viens vous demander de lui offrir les secours de notre divine religion ».

Les garçons appelés affirmèrent qu'il n'y avait dans l'hôtel personne de malade, que le prêtre avait rêvé, ou était victime d'une hallucination.

La nuit suivante même tapage ; le curé de nouveau descend au bureau.

— Je me trompais, ce n'est pas un malade que vous avez, dit-il à la propriétaire, c'est un épileptique. Il bouscule tout dans ses convulsions, il se plaint, il crie, il hurle ! C'est épouvantable ! Et le prêtre offrait de secourir le corps, comme il avait offert la veille de secourir l'âme de son voisin.

Bien qu'ayant passé des nuits retenant son souffle, l'oreille collée à la cloison, il est parti de l'hôtel sans se douter, que c'étaient deux innocentes gazelles qui avaient causé tout son émoi.

Cependant, redoutant de nouvelles plaintes, nous mîmes en pension nos gazelles. J'allais tous les matins leur porter des salades et c'était, de part et d'autre, une joie de nous revoir. Elles voulaient me suivre quand je partais.

Dès que nous eûmes loué l'appartement où se trouvait pour elles une terrasse, nous les y fîmes transporter et elles entrèrent tout à fait dans notre vie.

Pendant les repas, Yzette et Ali luttant de gentillesse, approchaient de nous leur tête fine en faisant entendre un petit cri ressemblant à « hein-hein » Ne me donnes tu rien ? Et leurs jolis museaux venaient chercher des fruits jusque dans nos assiettes.

Elles mangeaient avec plaisir tous les légumes crus ou cuits. Ali dévorait même avec enthousiasme le poisson et la viande. Tous les deux aimaient fort la terre.

Après notre dîner, venait le leur. Elles avaient à discrétion artichauts, choux, carottes, branches de vigne et de chèvrefeuille, fleurs de géranium. . matin et soir, de l'orge.

Le sac d'orge produisait sur Yzette et Ali un effet magique : dès qu'elles l'apercevaient, la joie illuminait leurs grands yeux ; elles mettaient leurs petits pieds sur les nôtres pour tendre plus près de lui leur mignon museau. Nous remplissions nos mains d'orge et ce qu'elles en mangeaient !... Parfois leurs deux têtes se trouvaient dans la même main, j'allais dire dans la même assiette.

Quand l'orge était finie, elles cherchaient à jouer, avec nous, comme elles auraient pu le faire avec d'autres gazelles amies.

Pour les inciter à se coucher, on étendait devant elles un tapis. La mise du tapis était pour Yzette le signal du jeu ; elle y posait ses pieds impatients, abaissait devant l'un de nous ses cornes jusqu'à terre puis, les relevant brusquement, elle aspirait l'air avec force et commençait une série de sauts et de mouvements gracieux qui nous ravissaient et faisaient tomber la plume ou le journal de notre main.

Si l'on poursuivait Yzette, elle à son tour poursuivait, jouait à cache-cache avec plus d'habileté que son partenaire. Elle dansait, tournait sur elle-même, sautait des quatre pieds à une grande hauteur en jetant ce cri nerveux : « couic » qui, paraît-il, dénote la plus grande joie chez les gazelles.

Quand on surprenait Ali et Yzette à démolir la tapisserie et les meubles et qu'on les claquait, Ali venait lécher la main qui l'avait frappé ; Yzette, au contraire, boudait, se tenait à l'écart ; il fallait lui faire beaucoup de prévenances pour pouvoir se réconcilier avec elle et rentrer dans ses bonnes grâces.

En présence d'un chien, Ali et Yzette prenaient leur attitude de combat ; les jarrets arqués, la tête penchée, elles lui présentaient leurs mignonnes cornes. Dans cette position défensive, elles rappelaient leurs sœurs du désert qui à l'époque des grandes sécheresses, se réunissent par troupe de dix à vingt mille pour chercher un climat plus frais. Poursuivies par les lions et les panthères, elles opposent le nombre à la force, marchent en colonnes serrées, se forment en cercle et offrent à leurs féroces assaillants, un rempart de leurs cornes aiguës.

Yzette et Ali, qui ne paraissaient heureux qu'en notre compagnie, étaient en même temps que notre joie, nos joyaux ; nous les montrions avec orgueil à tout entrant chez nous On comparaît leurs beaux yeux, à la fois si vifs et si doux, à de gros diamants noirs.

Ce qui est bon est, hélas ! de courte durée, le destin cruel nous enleva nos gazelles.

Ali mourut le premier. Yzette eût un vrai chagrin d'avoir perdu son camarade ; pendant huit jours elle fut désespérée, restant à l'écart, refusant la nourriture, pleurant comme une personne humaine. Nous l'accablions de tendresse. Nous eûmes l'idée de la laisser librement circuler sur la terrasse et dans l'appartement ; cette demi-liberté la consola

Après avoir craint de la voir mourir de douleur, nous eûmes le plaisir de la voir recommencer à jouer et croître encore en force et en beauté.

La mort d'Ali avait développé chez Yzette une sensibilité extraordinaire. La solitude lui était insupportable, elle allait et venait avec moi par l'appartement, se couchait à mes pieds quand je m'asseyais et s'étendait à l'heure de la sieste, sur le tapis près de mon lit.

C'était une affaire d'Etat pour quitter cette petite

sensitive : longtemps avant de sortir, je m'évertuais à la distraire, je jouais avec elle, je l'accablais de fleurs et d'orge ; tout était inutile ; la mignonne courait affolée, se haussait sur la pointe de ses pieds pour constater que je n'étais plus là et elle gémissait !... Longtemps après mon retour, son chagrin persistait ; aussi comme j'évitais de m'absenter !

Pendant sa toilette, Yzette trépignait sous la brosse ; quand je lissais ses poils avec un peigne, au contraire, elle me léchait les mains.

Ah ! quelle peau ! quelle poil superbe recouvrait ses formes élégantes ! Jamais un pou, jamais une puce ; un grain de poussière tombant sur elle, était prestement enlevé d'un coup sec de son petit pied.

Les gazelles qui produisent naturellement le musc, en ont l'odeur. L'arabe nomade n'a pas d'autres parfums que la fiente musquée de la gazelle.

L'intelligence éclatait dans les yeux d'Yzette, comme dans ceux de la personne humaine la mieux douée. Elle était pour nous une compagne comprenant et sentant tout, vibrant sous notre souffle.

Les gazelles sont les véritables associées de ceux qui les ont adoptées. Yzette partageait nos joies et nos peines ; elle s'identifiait à notre état d'âme.

Quand on l'appelait d'un de ses noms, Yzette, Zizie, elle répondait : « Hein ? Hein ? »

Lorsque, ne la voyant pas et que la cherchant,

nous la trouvions couchée dans une pose adorable, toutes jambes étendues, nous nous appelions mutuellement pour la contempler. Oh! disions-nous, qu'elle est jolie! » et nous passions des minutes comme en extase devant elle.....

Un matin, je fus réveillée par la respiration saccadée de notre petite amie ; elle avait des contractions de gorge. Nous appelâmes aussitôt le vétérinaire qui formula une ordonnance.

Mais les remèdes ne guérissaient point Yzette, ses forces diminuaient, elle s'entravait dans les meubles; elle qui toute petite bêlait, se démenait lorsque je la prenais dans mes bras, se laissait, grande et forte, porter sans faire de résistance.

Quand elle s'évanouissait, nos baisers la ranimaient; alors, je lui présentais des fleurs qu'elle mangeait avidement.

Une nuit, elle eut des convulsions terribles, des cris rauques et gutturaux sortirent de son gosier, elle ouvrit la bouche largement et ses yeux tournés s'éteignirent. Yzette était morte!

La maladie n'avait pas imprimé sur son beau corps ses stigmates; elle était, quoique morte, resplendissante. En la voyant si belle le naturaliste s'émerveilla......

. . . .

J'ai plus d'une fois en rêve revu ma petite gazelle

Yzette, elle tendait à mon cou ses deux mignonnes pattes et droite appuyée à moi, elle mangeait ravie, de l'herbe et des fleurs.

Je contemple sa dépouille sur un coussin qui simule l'autel. Cette ensorcelante petite bête évoque pour moi, la mer de sable d'or, la musique du vent dans l'immensité du désert. Elle me donne, dans ce Paris brumeux et froid, l'illusion de la tiédeur attirante de l'Afrique ensoleillée.

L'Arabe soldat

L'Afrique du nord, si favorisée des dieux, a pour défenseurs naturels ces guerriers nés, les Arabes.

Je fus un jour abordée dans une rue d'Alger, par un Arabe qui me dit en bon français : « Je vais à Paris, as-tu des commissions ? » Il était minable, bien que royalement drapé dans une loque.

Comme je le regardais avec incrédulité, il reprit : « Tu penses qu'il faut beaucoup d'argent pour aller à Paris ? Je n'en ai pas et cependant je pars... Je ferai à pied le voyage de Marseille à la capitale... Je demanderai sur la route une croûte de pain...

— Que vas-tu faire à Paris ?

— J'ai une affaire au Conseil d'Etat ; mon avocat a perdu mon procès, je veux aller le plaider moi-même. La justice de France est juste !... J'ai le bon droit pour moi... Lis, tu verras que je dois gagner les juges à ma cause. Emporte ces papiers chez toi, tu me les rendras demain ; et il me mit dans la main un paquet de lettres et de documents, desquels il ressort que mon interlocuteur, Salah ben Abdalhah, est inscrit au 1er tirailleurs, sous le numéro matricule 8.471.

Il faisait partie de la glorieuse phalange, formée de plus de vingt mille Arabes, qui s'est fait massacrer à la frontière de l'Est, en 1870, pour défendre le sol français.

Ces tirailleurs avaient tellement excité l'admiration des vainqueurs à Wissembourg et à Wœrth, que quand ceux qui avaient échappé à la mort furent faits prisonniers, les dames de Berlin, enthousiasmées, leur offrirent, à la grande indignation de la population mâle et de la presse locale, un banquet d'honneur qu'elles leur servirent de leurs propres mains.

Aussitôt libre et guéri de ses blessures, Salah est allé en Tunisie, puis au Tonkin, où il fut proposé pour la médaille militaire, qu'il eût obtenue dix fois si, au lieu d'être né Arabe, il fût né Français ; car, à l'instar des hommes de sa race, Salah faisait naturellement des prouesses sur nos champs de bataille

Les Arabes naissent guerriers, la poudre et l mitraille les électrisent, le danger en fait des fou d'audace et de témérité.

Si nos gouvernants étaient avisés, ils voteraien une loi établissant la conscription des Arabes. Ell nous fournirait un contingent de plus de cent mill hommes qui, bien encadrés dans les troupes françai ses, seraient autant de lions déchaînés de l'Atlas, qu nous aideraient à vaincre l'ennemi dans la prochain mêlée.

Salah servait avec passion la France, quand u jour, à la suite d'un effort dans une marche militaire il fut blessé. Lorsqu'un animal est blessé, on l'éti quette : « Bon pour l'équarrissage ! » Si l'on n'es pas reconnaissant de ses services, du moins on sup prime par la mort ses souffrances. A Salah, qui avai le corps haché de cicatrices et troué de balles ; à Salah, qui avait pendant vingt ans risqué sa vie pour sauvegarder celle de la France, le colonel du 1er tirailleurs ne sut que dire : « Tu n'es plus bon à rien, va-t'en ! »

Toutes les notions de justice et de loyauté du brave Arabe se troublèrent en entendant son chef ; car enfin, on avait fait avec lui un pacte ! On lui avait dit, quand il était entré au régiment : « Si tu sers la France comme ta mère, elle te traitera comme un fils. » Et voilà maintenant que, loque humaine usée à lui faire un rempart de sa poitrine, la France le rejetait !... La France ! Non ! ce n'était pas possible ! C'était le colonel seulement qui avait crié : « Va-t'en ! » Il en appela de la décision du colonel au ministre de la Guerre. Le ministre de la Guerre donna des ordres au médecin de l'hôpital du Dey, qui passa une contre-visite et conclut que Salah était encore bon pour le service et pouvait attendre sa retraite.

Le colonel ne se rangea nullement à cet avis, et le lendemain, il fit jeter Salah hors de la caserne par quatre hommes. Ce fut un spectacle lamentable : le nº 8.471 ne voulait pas se laisser chasser : il priait, il suppliait : « Je suis seul au monde... Ma tribu m'a maudit quand je me suis engagé... Mes parents, mes amis, criait-il, ce sont mes compagnons d'armes ! Mon foyer, c'est le régiment. » Puisqu'on lui interdisait de manger la soupe, il ne voulait pas s'en aller, sans avoir un dédommagement. « Pension ou soupe », répétait-il en se cramponnant, obligeant les quatre hommes à le traîner, à le porter au dehors.

En effet, ou Salah est bon à faire un soldat, comme l'a déclaré le médecin de l'hôpital militaire d'Alger, et alors il peut finir son temps, attendre sa retraite ; ou il est, comme le soutient le colonel, impropre au service pour cause d'infirmité contractée dans le métier militaire, et la France doit l'indemniser.

Le ministre, auquel avait été posé ce dilemme, a répondu par un refus de pension. Le soldat évincé porta alors sa requête devant le Conseil d'Etat, qui la rejeta en alléguant une foule de raisons contradictoires qu'il serait trop long de rappeler ici

C'est ce jugement que Salah veut attaquer, soutenant logiment qu'on ne peut lui refuser, à lui Arabe, admis à essuyer le feu de l'ennemi, les indemnités qui sont allouées aux Français dans les mêmes conditions. Il avait bien trouvé à emprunter de quoi payer sa place d'Alger à Marseille, sur le pont d'un bateau ; mais, pour pouvoir être embarqué, il lui fallait la permission de s'éloigner d'Alger ; car, ce vétéran, en mêlant son sang à celui des Français sur les champs de bataille, n'a point acquis le droit de bénéficier de leurs lois ; il reste soumis aux vexations du Code de l'indigénat, qui interdit à tout Arabe de se déplacer sans le consentement de l'Administration.

Salah attend encore l'autorisation de venir en France. Pour pouvoir vivre, il s'essaie au commerce, sans succès naturellement. On peut le voir, dépenaillé, à moitié nu, mais ayant toujours grand air ; arpenter la rue de la Lyre un couffin à la main ; il crie, en s'efforçant d'imiter l'accent de ses coreligionnaires : « Des eifs ! des eifs ! » Ses œufs, qui cuisent au soleil, lui rapportent plus de déboires que de profit. Heureusement, l'espoir qui le soutient compense le pain qu'il ne mange pas. « C'est un mauvais moment à passer, dit-il héroïquement. Dès que je lui aurai mis en main mes pièces, le Conseil d'Etat m'accordera mon dû. »

Naïf tirailleur ! Le Conseil d'Etat dira-t-il oui, après que le ministre de la Guerre a dit non ? Pendant que l'on gaspillera l'argent rue Saint-Dominique, on n'aura pas de quoi indemniser les Arabes qui ont guerroyé pour nous vingt ans.

Quand, talonné par le besoin, l'ex-soldat de la France, Salah ben Abdalhah, qui ne connaît, pour pouvoir gagner sa vie, d'autre métier que le métier militaire, va, rouge de honte, réclamer chez ses coreligionnaires « la part de Dieu » ou solliciter de sa tribu des secours, on le cingle de cette apostrophe : « Ceux que tu as servis sont donc bien ingrats qu'ils ne peuvent rassasier ta faim après t'avoir usé pour leur gloire ? »

Bien qu'ils soient traités aussi odieusement, et que, malgré leurs qualités guerrières, ils ne puissent dépasser, dans notre armée, le grade de lieutenant, les Arabes sont, quand l'épreuve fond sur nous, toujours prêts à partager nos périls. En 1870, ils nous ont offert leur dévouement, leur sang et leur argent ; les bureaux Arabes leur ont insolemment répondu que la France n'avait pas besoin d'eux pour chasser l'ennemi.

Les indigènes d'Algérie nous ont suivis volontairement en Crimée, au Mexique, en Italie, dans les Vosges, au Tonkin, accomplissant partout des prodiges de valeur.

Plus de six mille étaient partis pour Madagascar, s'efforçant de rendre victorieux notre drapeau, qu'ils arboraient en même temps que l'étendard vert du prophète.

Ces vaincus inconscients nous ont, pour le plaisir de guerroyer, aidé à déposséder les Hovas de leur territoire, comme nous les avions dépossédés du leur.

Malgré que les engagements pris envers eux n'aient pas été tenus, chaque fois que la France sera en guerre, ses fils arabes, pour lesquels elle agit en marâtre, voleront à son secours, se feront tuer pour elle.

J'ai cru utile de rapporter ici une série de faits observés, où l'on voit, dans leur écrasement douloureux, vivre les fiers Arabes.

Les Beni-Gharabas

La tribu des Beni-Gharabas, renommée par sa large hospitalité et son esprit d'indépendance, tenait, avant la disette qui affame les Arabes de l'Algérie, on peut dire tente ouverte; elle se ruinait en *diffa* (repas d'honneur) pendant qu'elle retirait du sol, presque sans culture, le blé, l'orge, le maïs, le tabac, les fèves et les olives. Mais successivement deux récoltes ont manqué, les *silos* (greniers souterrains) sont vides, et, par pur hasard certainement, les amendes pleuvent depuis qu'elle ne peut plus rôtir des moutons entiers et préparer du kouskous à la poule pour les autorités.

A tour de rôle, ses chameaux, ses chevaux, son bétail, ses troupeaux de moutons et de chèvres ont pris le chemin du marché. Malheureusement, les prix sont avilis par la surabondance des arrivées; tout se vend pour rien, et puis il se trouva — le jour où l'on conduisit bœufs et vaches au marché — que l'administrateur du centre dans lequel la tribu des Beni-Gharabas est englobée eut justement besoin de deux vaches laitières ; il choisit les deux plus belles du troupeau et en les marchandant égrena, par habitude, le chapelet d'amendes qu'il avait en réserve pour la tribu.

Comment vendre ses vaches à un particulier qu tient le sort des soixante-dix tentes du douar entre ses mains ! On est trop heureux de faire pour l'apaiser un sacrifice.

— Tiens, M. l'administrateur, prends ces vaches fais-les emmener ! Pour les autres, c'est 180 francs pièce ; pour toi, « c'est rien du tout. »

L'administrateur indigné éleva la voix.

— Pouilleux, s'écria-t-il, est-ce que je veux de tes vaches pour rien ? Ça crève de faim et encore ça parle de faire des cadeaux !

Avec autorité, il glissa une pièce de cent sous dans la main du vendeur, et il s'en alla au Cercle raconter aux autres fonctionnaires que les Beni-Gharabas avaient bien eu l'audace de vouloir lui donner les deux vaches qu'il avait achetées.

La vente des troupeaux permit de ravitailler la tribu ; pourtant, les embarras, la gêne reparurent bientôt.

On porta au marché les volailles : poules, dindons, pintades, qui vivaient librement dans le douar et l'animaient de leurs chants et de leur gloussements ; seulement, la fatalité voulut que ce jour-là trois ou quatre fonctionnaires renouvelassent leur poulailler. Ils étaient, disaient-ils, venus acheter à eux de préférence, et ils s'appliquaient à bien leur montrer l'épée de Damoclès suspendue au-dessus de leur tête.

Dans l'état d'embarras où se trouvait la tribu, il eût été maladroit de les faire payer. Il fallait ménager l'interprête, un juif qui avait prêté, à cent trente pour cent par mois, il est vrai, de l'argent.

C'eût été une faute de ne rien offrir à monsieur l'huissier, qui pouvait de suite tout saisir. Quant au garde champêtre, qui cumulait aussi l'office de geôlier, il dressait beaucoup de procès-verbeaux contre ceux qui n'étaient pas ses amis ; et puis, les Beni-Gharabas avaient toujours quelques-uns des leurs en prison. On l'octroie si facilement, cette prison, en vertu du code de l'indigénat et même du bon plaisir, que les Arabes qui la subissent ne s'en émeuvent pas ; seulement il ne faut pas être mal avec le geôlier qui, par distraction, oublie parfois de distribuer l'eau et le morceau de pain.

Les Beni-Gharabas délégués à la vente de la basse-cour du douar : Yaya ben Yaya, Abdelkader, Larbi, Ali ben Belkaseem, se consultèrent du regard et se comprirent ; bien qu'ils comptassent sur le produit de leurs volailles pour emporter de l'orge et du blé, ils partagèrent, presque complètement, poules, dindons, pintades entre les fonctionnaires venus acheter séparément et comme en se cachant mutuellement. Leurs domestiques eurent bras et mains chargés ; en outre, un immense collier de couples de ces volatiles leur descendait des reins aux genoux.

Ces vigoureux garçons, qui ployaient sous le poids, paraissaient trouver comme leurs maîtres tout naturel le dépouillement des Beni-Gharabas à leur profit.

Cependant, il faut dire que le greffier-notaire, un courtaud épais qui gagne de l'argent gros comme lui, se pourlécha les babines en voyant les dindes si bien à point et eut un élan de cœur :

« Allons, ben Yaya dit-il allons, je veux bien accepter, pour te faire plaisir ; mais dis chez vous que, quand tu nous inviteras pour une *diffa*, Madame emportera du sucre d'orge pour les bébés du douar ! »

Pour pouvoir subsister, les Beni-Gharabas vendirent tout et n'eurent bientôt plus que leurs tentes. Ils vendirent leurs tapis vieux et neufs, ils vendirent leurs plats de bois et de métal, leurs plateaux d'argent. Ils vendirent leurs chiens-loups, ces sentinelles vigilantes qui flairent l'animal ou l'homme à deux kilomètres, et déchirent de leurs crocs le maraudeur ou l'imprudent qui ose s'avancer. Enfin, à bout de privations et d'expédients, ils cédèrent à un maquignon contre très peu d'espèces sonnantes leurs superbes chevaux, ces amis toujours sellés qui les attendent à la porte de la tente.

Ce sacrifice suprême ne les préserva que pour un

temps très court de la famine ; car, si grande què fût leur sobriété, les Beni Gharabas étaient plus de quinze cents bouche à nourrir !

Il n'y eut bientôt plus rien sous la tente, ni argent, ni provision, et rien dans l'immense pleine aride où est campé le douar. Depuis longtemps, aussi loin que l'on a pu marcher, on a cueilli, au point d'extirper la racine, les asperges sauvages dont se délectent l'hiver les Français d'Algérie ; depuis longtemps, on a arraché jusqu'aux plants des chardons, que l'on mange en guise d'artichauts et qui en ont le goût plus fin.

On déserte par bandes le douar silencieux sur lequel plane la mort pour aller à la ville ; on se répand dans les sentiers qui conduisent aux villages environnants. Ceux qui restent avec les enfants mourants trompent leur faim en buvant de l'eau. Mais ce remplissage factice n'empêche pas l'estomac de se tordre et de hurler.

Les moins affaiblis des restants sondent aux alentours le sable de leur matraque. Celui qui a soupçonné une racine se jette à plat ventre sur la terre dorée et nue. Ses doigts décharnés ne lui semblent bientôt plus porter ce qu'il trouve, assez rapidement à sa bouche ; alors, comme l'animal dont Mahomet a interdit la consommation, il enfonce fébrilement son groin dans le sol, ses dents affamées fourragent la terre et dévorent les racines avidement.

Tout à coup, l'un de ces humains rongeurs, Yaya, dont deux des fils avaient expiré de faim le matin, se redresse les yeux hagards, la bouche grande ouverte ; il se renverse en arrière en des convulsions horribles, il est mort !

Son corps nourrira les chacals ; mais ses femmes, mais ses enfants encore vivants ?

Sa troisième et toute jeune épouse, Réïra, allaite un beau bébé de sept mois nommé Ali. Je dis allaite ! Hélas ! les mères affamées n'ont pas de lait ! Depuis la veille, Réïra, avec le mépris de la souffrance qui distingue sa race, Réïra perce d'une aiguille le bout de ses seins, et l'enfant suce les gouttes de sang ! Cependant, malgré l'horrible torture qu'elle s'impose, il va s'engourdir comme ses frères et son père ; cette crainte fait surgir en elle une pensée lumineuse...

Non, dit-elle, Ali ben Yaya ! non, tu ne mourras pas !...

Elle va le vendre, s'il le faut, pour le sauver ! Au marché, à la ville, elle trouvera ceux qui ont acheté les agneaux et les *cabris* du douar ; il lui achèteront son petit si joli et lui donneront à manger.

Avec une énergie sauvage, son enfant, toujours silencieux, juché sur la croupe, elle part. A chaque pas, l'eau quelle a absorbé avec excès pour se soutenir pendant la route découle d'elle comme d'une éponge pressée... Elle a trop compté sur ses forces... Comme elle se sent le cœur retourné ! Heureusement, elle rencontre bientôt deux coreligionnaires, montées à mulet, qui la recueillent.

On descend à mi-côte, dans le repli de terrain où se tient le marché animé par le bêlement des moutons et des chèvres, les interpellations des vendeurs et des acheteurs, les à-savoir que font personnellement ceux qui ont perdu une bourse ou une bête.

En arrivant, chacun plante un pieu en terre et y attache son cheval ou son mulet. On frôle, on bouscule ces animaux au passage ; ils n'en restent pas moins calmes et inoffensifs.

Réïra, accroupie, les peaux de sa poitrine dans la bouche de son bébé, s'appuie à la tente d'un marchand de nouveautés. Oh ! elle ne voit plus les robes de tulle aux transparents multicolores, les ceintures de brocart, les babouches finement brodées qu'elle recèle. Tout tourne autour d'elle, comme quand elle a essayé un jour de danser la valse française. Se tiendra-t-elle seulement debout ? Le sol vacille sous ses pieds. Mais... le petit Ali qui ne ferme même plus les lèvres sur le sein flasque qu'il a dans la bouche...

Elle titube en marchant ; un fonctionnaire qu'elle frôle la repousse brutalement de sa canne et en la voyant tomber s'écrie : « Sale mouquière ! Elle est saoule d'absinthe !... »

Réïra n'entend pas, la peau qui est son sein est sortie de la bouche ouverte de son fils ! Va-t-elle le laisser mourir ?...

En titubant toujours, elle arrive à la ville, une route sur les deux côtés de laquelle s'alignent quelques maisons ; elle s'y traîne, offrant à tous Ali expirant : « Joli petit, gémit-elle... achète... faim... achète joli petit... manger... Joli petit Ali... achète...

On s'attroupe autour d'elle. L'administrateur, le même qui a acheté cent sous les deux plus jolies vaches du douar de Reïra, survient criant, menaçant : « Quoi ! c'est cette pouilleuse qui suscite ce désordre ?...

« Ramassez-moi ça !... » commande-t-il au garde-champêtre qui cumule l'office de geôlier.

Réïra, épuisée par son suprême effort maternel, s'affaisse, son enfant s'échappe de ses bras, tombe sur la chaussée. En le ramassant, une femme à la poitrine opulente s'écrie : « Quel beau petit *bicot !* » Elle lui fourre la tête dans son corsage, il est sauvé !

On porte Réïra, évanouie, à la prison ; des gamins et des badauds suivent en « gueulant » : Eh ! l'ivrognesse !... l'ivrognesse !... La cruauté humaine est de tous les pays.

On enferme la jeune mère dans un cabanon, on la couche sur la planche qui sert de lit, et... on l'abandonne !

Le lendemain, elle ne remue toujours pas. Cependant, elle devrait avoir digéré son absinthe...

A la fin, le geôlier s'alarme. Le médecin est appelé : on lui raconte que la prisonnière a été arrêtée pour ivresse ; il l'examine attentivement, puis, la voix tremblante d'indignation : « Triples brutes ! s'écrie-t-il, cette femme est morte de faim !... »

La Fantasia

Dans une commune mixte de la province d'Alger, où déjà notre gai drapeau flotte à quelques fenêtres, on enguirlande les rues de branches de palmiers, on dresse un arc de triomphe en lauriers-roses. Européens et Arabes luttent d'émulation pour donner au chef-lieu du centre un aspect enchanteur. C'est que celui que l'on attend peut à son gré ruiner ou faire prospérer le pays.

Les administrateurs de la contrée n'ont garde d'oublier de se montrer empressés auprès de qui dispense les faveurs et l'avancement. Ils sont venus escortés de leur personnel et de leur famille, quand ils ont pu obtenir les chevaux réquisitionnés pour la transporter.

Seulement, les Arabes sont fous de briller dans les fantasias ; au lieu de prêter leur cheval pour porter à la fête les administratrices et leur nichée, beaucoup ont préféré l'enfourcher pour s'y rendre eux-mêmes. Résultat pour eux : cinq jours de prison et quinze francs d'amende. Mais la joie de se réunir aux goums, d'aller en bottes rouges sous le drapeau vert déployé se joindre aux cavaliers qui s'échelonnent dans la plaine, de voir les grands marabouts, les grands nobles, vaut bien la peine que l'on risque quelque chose.

Les grands de tous les pays ont une manière particulière de se distinguer du commun des mortels. Les nobles arabes venus à la fantasia sont, eux, décorés d'une façon aussi incongrue qu'originale : ils sont décorés... de fiente !... Oui... de fiente de faucon ! Ils ont sur leur burnous les traces des excréments de l'oiseau chasseur ; c'est, dans le désert, une marque de gentilhommerie. Cela vaut bien le bout de ruban ou la ferblanterie dont — pour se faire remarquer — se marquent les Européens

Le gouverneur général de l'Algérie, en l'honneur duquel se font tous ces préparatifs, revient du Sud. Il ramène des wagons de choses rares ; il a reçu des Mouadhin, en signe de soumission des masses de cadeaux ; mais il ne revient ni sur le cheval noir superbe ni sur le beau méhari blanc que les indigènes du Sud lui ont donné, il revient de Biskra en train express ; et, comme un dieu qui se fait précéder d'un soleil, un roi d'une armée, il se fait précéder d'une machine folle qui court en éclaireuse devant le train gouvernemental.

Les télégrammes signalant l'approche du gouverneur se succèdent. Le voilà !

Dès qu'il paraît, les clairons sonnent, les tambours battent aux champs, les chevaux qui, impatients, se cabraient, s'élancent rapides ; ils reviennent sur leurs pas en courant si vite qu'on les croit emportés par le vent. Les cavaliers qui les montent se lèvent droits sur leurs selles, poussent de grands cris et déchargent en l'air leurs fusils. Enivrés par la poudre qu'ils ont « fait parler », ils repartent, animés par une fureur diabolique.

Ces hommes, qui semblent ne faire qu'un avec leurs chevaux, leur communiquent leur fièvre d'enthousiasme, et bientôt les spectateurs, eux-mêmes électrisés, les acclament et partagent leur délire.

Tous les chevaux qui participaient à la fantasia étaient beaux ; leur tête fine, leurs formes élégantes excitaient l'admiration de la foule. Mais parmi eux il y en avait un à la robe d'ébène, à la fière encolure, qui attirait tous les regards. C'était la jument de

Lagdar-ben-Djali, de la tribu des Oulad-Mokran, baptisée Rihana (vite comme le vent).

Car les chevaux, là bas, traités en personnes humaines, ont des noms, et les Arabes prennent certainement plus de soins à faire l'éducation d'un cheval que les Européens à faire celle d'un homme ; aussi parviennent-ils à développer en lui plus que de l'instinct, de l'intelligence. C'est ainsi qu'ils obtiennent du cheval qui vient de renverser son cavalier un arrêt immédiat. Le noble animal demeure comme un chien fidèle, près du cavalier blessé ou mort.

Rihana ne faisait pas seulement la joie de son propriétaire, elle était la gloire de sa tribu. Elle gagnait le prix aux courses, elle était acclamée dans les fantasias, elle savait se mettre à genoux et se lever toute droite sans inquiéter son maître.

L'administrateur de M... guignait ce beau cheval. La vue de celui que ramenait le gouverneur aiguisa son désir de le posséder. Enfin, n'y tenant plus, il s'approcha de son propriétaire :

— Ladgar, dit il, combien veux-tu de ce cheval de sultan ?

— Il n'est pas à vendre, répondit Ladgar.

— Je sais que tu es à ton aise ; mais, voyons, pour me faire plaisir, estime-le un gros prix et cède-le-moi.

— Mon plaisir vaut le tien, ça me fait plaisir à moi de le garder.

L'administrateur se mordit les lèvres. La fête terminée, le gouverneur partit, il songeait encore au cheval. Il alla conter sa déconvenue au vieux Chaya, qui lui servait d'intermédiaire pour prêter de l'argent à cent vingt pour cent. Chaya lui remplit le cœur d'espoir :

— Cela tombe à merveille, dit-il ; Bouziane, voisin de Ladgar, me doit, je vais l'envoyer saisir.

— Mais... quel rapport, fit le fonctionnaire ?

— Je m'entends ; je dirai à l'huissier deux mots, il trouvera moyen d'avoir la jument.

L'huissier n'eut guère à prendre dans le misérable gourbi de Bouziane.

— Ce n'est pas suffisant ici ; voyons là, fit-il en enjambant la haie de clôture du voisin, et, ayant aperçu Rihana près de la demeure de Lagdar, il marcha droit à elle et la saisit.

Aux protestations indignées de celui-ci, affirmant ne rien devoir à personne, l'huissier cria pour toute réponse : « Revendique ! »

Il demanda, en effet, à la justice de lui prêter main-forte pour recouvrer son bien. Malgré les nombreux témoins jurant que Rihana était née chez Lagdar, malgré les quittances d'impôt établissant sa qualité de propriétaire du cheval, le tribunal, s'appuyant sur des subtilités juridiques, le débouta de sa demande, le condamna aux dépens et valida la saisie pratiquée.

Rihana, mise en vente, fut achetée pour le compte de l'administrateur, qui l'enfourcha sans pudeur dès qu'il en fut devenu possesseur et toisa dorénavant avec insolence Lagdar, navré qu'on lui eût subtilisé sa bête. Quand celui-ci passait à portée de sa voix il lui criait : « Espèce de gueux, tu as refusé de me céder ta jument et, quinze jours après, tu l'as fait vendre par autorité de justice ! Je te revaudrai cela ! »

L'enlèvement de Rihana désola particulièrement Nedjma, la femme préférée de Lagdar.

Nedjma ne mangeait pas un gâteau de miel, pas une poignée de dattes, pas une bouchée rissolée de mouton rôti en plein air, sans en donner sa part à Rihana, et celle-ci paraissait répondre à cette sympathie et hennissait de plaisir en voyant sa belle maîtresse.

Un jour que l'administrateur, en tournée dans le douar des Oulad Mokran, l'avait laissée à la garde de son chaouch, elle vint d'instinct à la porte de Lagdar. Nedjma crut naïvement que Rihana leur était rendue. Joyeuse, riant et pleurant à la fois, sautant et dansant, elle courut à elle, caressa son poitrail, prit sa tête dans ses mains mignonnes et, soulevant son haïck, elle l'embrassa longuement.

Entendant des pas, elle abaissa vivement son voile

et se sauva éperdue. Mais l'administrateur, revenu précipitament, avait aperçu Nedjma et, moins peut-être que sa beauté, son exubérance de vie et de passion avait éveillé en lui un de ces sentiments fous qui ne se raisonnent ni ne se vainquent.

Il ne pouvait détacher sa pensée d'elle. Le jour, il cherchait à la voir; la nuit, il la voyait en rêve. Sa passion s'irrita au point que, ne pouvant plus la dissimuler, il fit du juif Chaya le confident de son tourment.

« Diable ! s'écria celui-ci, il n'est pas aussi facile de s'approprier une favorite qu'une jument ! » Seulement, c'était une canaille que n'épouvantait pas le crime, et, un jour, il dit à l'amoureux transi : « Euréka ! »

On simula l'organisation d'un complot, dans lequel Lagdar, ami de la France, fut impliqué de rebellion contre elle.

Avec l'intimidation et l'argent, on se procure toujours des témoins. Il y en eut pour affirmer que le mari de Nedjma, vendu aux Anglais, soulevait le Sud, projetait de faire surprendre nos troupes.

Malgré l'invraisemblance de l'accusation, l'absence de preuves, Lagdar, reconnu coupable, fut condamné, dépouillé de tous ses biens et envoyé à Nouméa.

Nedjma, terrifiée par le jugement rendu, se soumit

à ce qu'on exigeait d'elle. Et pendant que le mari, le propriétaire, est au bagne, l'administrateur, tranquillement, jouit de sa femme et de sa jument.

Divorceuses

Au siroco qui a pendant quinze heures déchaîné une tempête de sable, a succédé une pluie torrentielle, une trombe d'eau, qui creuse des ravins dans la terre chaude d'Afrique et transforme la plaine roussie, coupée d'un ruban blanc, la route, en marécage. Au-dessous de cette route est le Rocailleux, petite ville de l'Oranie d'où, malgré l'affreux temps, partent, nombreux et par groupes, des « emburnousés » et des « enhaïckées.

Femmes et hommes qui n'usent point de cette tente portative, le parapluie, paraissent bien moins troublés par la tourmente atmosphérique que par l'orage qui gronde en eux ; de leur bouche crispée sortent des exclamations aiguës, leurs yeux lancent des éclairs !

Tout ce monde gravit la colline au haut de laquelle sont juchés, de façon à bien dominer la ville arabe, comme premier élément de ville française, trois vastes bâtiments : l'hôtel de l'administration, luxueux et confortable ; la gendarmerie, qui a l'aspect d'une vaste caserne ; alors que les casernes à soldats, série de pavillons jetés à mi-côte, ont derrière leurs rideaux de lauriers-roses des coquetteries de villas. Puis une maison basse qui, comme honteuse d'exister, cherche visiblement à se dissimuler : la prison. Enfin, un parallélogramme en briques rouges. C'est le temple de Thémis. A cinquante mètres, on le croirait entouré de troupeaux de moutons ; mais, quand on s'avance, on voit que ce l'on prenait pour des moutons sont des hommes accroupis les uns près des autres et pelotonnés dans leurs burnous. Ils sont là trois ou quatre cents, attendant sous une pluie diluvienne l'heure de l'audience musulmane.

Les femmes, groupées à part des hommes, ramènent de leurs petites mains, aux ongles rougis par le henné, le haïck sur leur figure ; parfois le vent indiscret en soulève un pan et l'on a de fugitives apparitions de houris. Ces femmes, presque toutes jeunes et jolies, sont en instance de divorce. La grande porte à deux battants du tribunal s'ouvre enfin ; et, pendant que les Arabes, trempés jusqu'aux os, s'accroupissent dans l'immense salle, le chaouch, en costume resplendissant de blancheur, prononce solennellement : « L'audience est ouverte ! »

Les juges installés, aussitôt les plaideurs défilent à la barre. Allégueraient-ils de bonnes raisons, — juges et justiciables ne pouvant faute de parler la même langue se comprendre, — s'ils n'ont pris la précaution de payer l'interprète, celui-ci traduit le contraire de ce qu'ils disent et ils sont souvent condamnés.

Au milieu des accusations si fréquentes de vols, coups, blessures, de curieuses réclamations se produisent dans le prétoire. On entend, en effet, bientôt appeler la cause Yamina bent Aïssem, contre Larbi ben Ali.

Une mouquière, à la silhouette élégante, s'avance à la barre ; elle entr'ouve son haïck, seulement de façon à irriter la curiosité, et avec beaucoup de précision elle expose au tribunal que son mari ne l'a pas embrassée depuis six semaines ! Pour ce préjudice, ce délit, elle réclame cent francs de dommages-intérêts. Les juges goguenards paraissent trouver que le mari s'est assez puni lui-même.

Mais voici la contre-partie de cette affaire :

Un mari nommé El-Abib, dont la femme Messaouda vient de faire une fugue, réclame trois francs de dommages-intérêts pour chaque jour qu'elle a passé hors du domicile conjugal. Etant débouté de sa demande, il sort en proférant contre le juge cette malédiction si usitée en pays arabe :

Que Dieu maudisse tous les tiens !
Qu'il fasse que les tiens soient aveugles !
Qu'il détruise tes récoltes !
Qu'il te rende malade, estropié !

Meryem bent Djabis, dont le mari ne voulait accepter que le divorce *kola*, c'est-à-dire consenti contre une grosse somme d'argent, est enfin parvenue à se procurer un certificat de médecin attestant qu'elle est... demoiselle, et elle obtient sa liberté, sans avoir à payer à son mari aucune rançon pour la racheter.

La plupart des divorces ont pour principal motif la polygamie, bien que la polygamie ne soit pas un cas de divorce.

Beaucoup de divorceuses viennent pour la première fois exposer leurs griefs. Elles protestent avec véhémence contre la pluralité des femmes. Le juge les met, elles et leurs maris, en *adala* (en observation) pendant huit jours, chez un surveillant chargé de dire qui a tort, de l'un ou de l'autre époux.

Mais, regardez cette gamine à la barre, le haïck impudiquement relevé, la figure en pleurs ; elle parle avec volubilité ; les mots trahison, divorce, reviennent sans cesse sur ses lèvres. C'est Kansa, une jolie adolescente de quatorze ans, à laquelle son mari présenta l'autre semaine, en revenant des noces, une négresse pour coépouse.

Furieuse, indignée, Kansa voulut s'enfuir pour

échapper à la promiscuité ; son mari barricada la porte ; alors, affolée, la pauvre enfant, au risque de se tuer, sauta par la fenêtre qui plonge dans un ravin.

Le tribunal tança le mari, Amed ben Hassem, un avorton de dix-huit ans, blême et malingre, qui protesta de son amour pour sa première épouse et déclara que, s'il en avait pris une seconde, c'était tout simplement pour lui faire faire l'ouvrage de sa mère... Du reste, de par la loi musulmane, il avait le droit d'épouser quatre femmes !...

Ne pouvant obtenir le divorce, Kansa s'écrie : « Donnez-moi un lézard, un chien pour époux, plutôt qu'un homme qui a une autre femme ! » Puis elle se précipite dehors, elle s'enfuit, elle court si vite que ses parent et son mari ne peuvent la suivre. Elle dégringole la colline et arrive sous un arbre colossal, le seul resté debout d'une forêt brûlée ; à ses branches se balancent des moutons fraîchement écorchés. Cet arbre est l'abattoir de la ville, c'est sous son ombrage qu'à n'importe quelle heure on égorge agneaux et bœufs. Deux hommes jettent la victime à terre, la maintiennent couchée, pendant qu'un troisième saisit la bête à la gorge et d'un coup de couteau lui tranche la carotide.

A la place même où l'on venait de tuer une chèvre blanche au long poil soyeux, à la tête fine, qui avait crié comme une jolie femme sous le couteau du bourreau, s'étalait une flaque de sang. La petite Kansa, désespérée s'étendit dans ce sang encore fumant ; sa mélafa (robe) et son haïck se teignirent de pourpre, elle avança la tête sur le billot, et le cœur crevé, la voix pleine de sanglots, elle dit au boucher :

« Je suis trop malheureuse... trop... malheureuse... saigne-moi ! »

Sadia

Tout le monde est frappé du grand air des Arabes et de la majesté royale avec laquelle les plus pauvres d'entre eux se drapent dans leur burnous troué. Cette distinction n'est pas seulement l'apanage des hommes ; bien des femmes de la race seraient — si elles se montraient — sacrées reines dans les milieux les plus aristocratiques de nos cités civilisées.

Sadia est parmi les plus triomphantes de ces reines.

La femme arabe est petite, généralement. Sadia est grande, gracieuse, élégante ! Sa voix est une harmonie, son charme trouble et fascine. Seulement, la renommée de sa coquetterie est aussi répandue que celle de sa beauté.

Sadia est-elle donc une courtisane ?

Non point! Quant on pénètre dans sa maison spacieuse, la plus belle du pays avec ses ornements et ses croissants en faïence vernissée, on voit dans les pièces immenses des amoncellements de tapis formant à la fois tentures, meubles et sièges. On voit des coffres de chênes débordant de bijoux, de dentelles, de broderies de soie et d'or, d'oripeaux merveilleux, d'éventails et de mille riens artistiques ; mais pas d'hommes.

Pour boire en se brûlant les lèvres, le café bouillant obligatoire servi dans des tasses en or massif, sur des plateaux d'argent d'un mètre de diamètre, on est entre femmes. Et c'est à des femmes que Sadia montre ses richesses et veut en faire don, dès qu'elles s'émerveillent.

Cependant, ses allures européennes, son audace de s'affranchir de la reclusion imposée aux musulmanes et enfin ses trois divorces successifs avant d'avoir atteint 25 ans, lui ont fait une réputation de galanterie ; on détaille sa beauté comme on estime ses bijoux.

Sadia sort, mais après la nuit venue, selon les prescriptions de Mahomet.

Elle est enveloppée d'un haïck de crêpe de soie blanc rayé de rose qui ne laisse voir qu'un de ses yeux. Sadia ne sort que pour se rendre chez les notables de la ville où on lui fait fête? Elle arrive vers huit heures précédée de suivantes, accompagnée de sa mère, une matrone commune, et de sa jeune sœur, une bébette de huit ans, déjà mariée. Ceux qu'elle honore de sa visite lui servent un lunch, et avec quelle suprême élégance Sadia porte une coupe à ses lèvres ou mange un gâteau.

Il faut bien qu'elle soit réélement séduisante il faut bien quelle soit incomparable, cette Sadia, puisque les maris dont elle est divorcée ne peuvent l'oublier.

Pourquoi donc alors tous ces divorces?

Voici son odyssée avec le dernier mari, le caïd Mouhamed, fils d'un bachaga, s'il vous plaît.

Le caïd Mouhamed, des environs de Tiaret, où naissent les plus beaux hommes, avait vu marcher Sadia, et il en était devenu éperdument amoureux. Les passions ne sont pas patientes en Algérie; pour satisfaire la sienne, le caïd Mouhamed acheta Sadia trente mille francs.

On célébra pompeusement les noces, malgré le rechignement de la famille de l'époux qui criait à la mésalliance. (Les questions de généalogie, de naissance, ont une importance capitale en pays arabe; selon ses parents, le caïd Mouhamed devait épouser non la belle Sadia, mais une fille de grande tente). On fit rôtir des moutons entiers par troupeaux, on égorgea mille poules, on fabriqua deux ents kilos de gâteaux de miel, et toutes les bouches de la région pauvres et riches, goûtèrent au kouskous du festin; car pour aller à la noce en pays musulman, on n'a pas besoin d'être invité, et si misérable qu'il soit, celui qui se présente à un banquet de mariage est toujours le bienvenu.

Le riche qui se marie offre aux assistants de copieux repas; le pauvre, lui, n'offre ni à boire ni à manger; il n'en réunit pas moins un nombreux public. Attendu que, chez ce peuple sympathique, toute fête particulière devient une solennité générale et procure l'occasion de se réunir, de faire parler la poudre, de rire, d'entendre la musique et de danser.

A la noce du caïd Mouhamed, on multiplia les fantasias; quand le dernier kilo de poudre fut brûlé, l'enchanteresse Sadia, hissée sur un mulet, superbement harnaché d'un tapis rouge à franges, que deux nègres menaient par la bride, fut triomphalement conduite chez son époux, elle allait être une femme de grande tente ! On donne à ce titre là-bas, l'acception que celui de châtelaine a chez nous.

Toute la ville escortait Sadia ; une délégation de la tribu Mouhamed était venue à sa rencontre, et l'on marchait, électrisé par les fusillades, dans un nuage de fumée, au son infernal des tambours et des musiques, des chants et des coups de fusil.

Des femmes deux par deux dans des palanquins

drapés d'étoffes multicolores agitaient leurs blancs haïcks et excitaient les cavaliers de la fantasia à briller, en criant: « You ! You ! You ! You ! »

Quand un pan de la tente de Mouhamed se souleva sur le front radieux de la nouvelle épousée, on crut voir entrer une déesse ! Mais tout de suite son air ravi disparu, ses sourcils se froncèrent. Elle avait vu sous la tente... des femmes !

— Mouhamed ! dit-elle en les désignant, c'est à toi ?. .

— Oui, répondit celui-ci.

— Alors ! fit-elle, adieu ! .. je m'en vais... Je ne veux pas partager mon mari.

Elle sortit majestueuse, remonta sur le mulet et retourna chez elle, au grand ennui de l'escorte venue pour les fêtes des noces.

Lorsque le caïd fut revenu de sa stupeur, il enfourcha son meilleur cheval et courut après son épouse ; vainement, il épuisa toutes les protestations d'amour.. « Je t'aime ! disait Sadia, c'est justement pour cela que je ne veux pas que tu sois à d'autres qu'à moi. Renvoie tes femmes et alors, seulement alors tu pourras venir me chercher. »

Le divorce n'est pas difficile à obtenir en pays arabe. Pourtant, il y avait là pour Mouhamed des questions d'intérêt impossible à trancher, il ne pouvait, sans perdre sa situation, répudier ses autres femmes. Ce fut donc Sadia qui demanda et obtint le divorce.

Croit-on que pour cela le caïd ait renoncé à elle ? Non ! Il a toujours l'assiduité de l'amoureux le plus épris.

Si, poussé par sa famille, il plaide pour se faire rendre le prix de la jolie femme qu'il n'a pas, en même temps il sollicite des entrevues. Il obtient des rendez-vous à chacun desquels il souscrit un bilet de cinq cents francs.

Sadia adore le caid, les tourments mêmes qu'elle lui inflige par sa coquetterie en sont une preuve.

Mais cette fière et belle Mauresque aime mieux être l'amante, la favorite unique de Mouhamed, que l'épouse d'un polygame.

Conclusion

En prenant possession de l'Algérie, la France a assumé la responsabilité du bonheur des Arabes. Cependant, au lieu de leur procurer les avantages de la civilisation, elle exerce sur eux depuis 70 ans une oppression barbare.

Les vaincus désarmés, ridiculisés, exploités, spoliés, par l'autorité et les particuliers ; sont tiraillés entre nos lois et les leurs, repris par le code de l'indigénat, quand ils échappent à la législation française ou musulmane. Pour justifier la cruauté et les exactions, on feint d'être devant eux en état de légitime défense, comme devant l'ennemi.

Pendant que la France tyrannise les arabes et leur accorde en compensation de leur liberté et de leurs biens, le droit de s'abrutir en violant les enfants, en faisant abus des femmes qu'ils peuvent séquestrer par troupe elle ouvre ses bras maternels aux étrangers! Les étrangers sucent son sein et quand ils sont régénérés, ils retournent dépenser en leur pays la fortune acquise; tandis que les musulmans meurent de faim.

La République peut-elle conserver à sa porte sans le mettre en valeur, un riche et merveilleux pays dans le seul but d'occuper une armée de fonctionnaires à pousser à dégénérer une race de quatre millions d'individus?

Le lecteur qui m'a suivi regardant avec commisération la femme arabe instinctivement idéaliste livrée à une bestialité sauvage et le musulman dont les plaies saignantes, sont sans cesse avivées par les vautours dont il est la proie, est forcé de conclure que pour réaliser l'unité française en Algérie, pour fusionner les deux races, une loi commune régissant à la fois français et arabes, est nécessaire.

Aussi bien, il y a trop longtemps que ceux auxquels on a pris leur patrie sont exclus de son administration. Le meilleur moyen de les empêcher de se rébeller, c'est de les charger de concourir à faire prospère et libre leur pays.

Il n'y aura plus de conflits entre algériens et israëlites, qnand les arabes dont ils se disputent la dépouille pourront se défendre à coups de *bulletins*.

Dès que les indigènes sont instruits, ils adoptent nos mœurs ; d'ailleurs, bien que les coutumes des méridionaux et des Corses différent de celles des habitants du nord de la France ; tous ne sont pas moins soumis à une même législation.

L'Allemagne n'a pas attendu pour courber sous ses lois les Alsaciens-Lorrains, autant de temps que nous, pour imposer notre langue et notre civilisation aux indigènes d'Algérie.

En traitant en égaux des enfants sortis de son sein les arabes désespérés, en utilisant pour la mise en valeur de la colonie leur endurance et pour la défense du territoire leur courage guerrier, la France peut décupler sa force et sa richesse, faire de l'Algérie où l'on n'entend actuellement que paroles de haine, cris de colère, lamentations, un paradis terrestre serein, où les habitants vivraient unis par la communauté des intérêts et où les houris aux beaux yeux, ne seraient plus ni vendues ni sequestrées.

HUBERTINE AUCLERT.

TABLE DES MATIÈRES

La francisation des Arabes et les femmes. 1
Les Arabes sans représentant au Parlement 14
Doit-on ôter aux Arabes leur costume ? 39
Le mariage arabe est un viol d'enfant 42
La polygamie 57
Des lézards pour maris 81
La mauresque offre des douros à la jugesse 85
Ce que les femmes arabes disent de l'amour. 89
Le coût de l'adultère 96
Féministes au 13° siècle 99
Durée de la gestation des musulmanes 101
Où la prostitution est un sacerdoce 111
Arts et industries des femmes arabes 117
Pour faire une musulmane médecin 130
Alger sans écoles arabes de filles 138
Art de s'embellir des Africaines. 146
La mort chez les Arabes 159
Le paradis et les houris 172
Cervelle de jeune fille. 184
Les caravansérails. — Le désert. — Laghouat 188
Les sauterelles 199
Ma gazelle Yzette. 204
L'Arabe soldat 214
Les Beni-Gharabas 221
La fantasia 229
Divorceuses. 236
Sadia 241
Conclusion 247

ISSOUDUN. — IMP. L. SERY

A LA MÊME SOCIÉTÉ D'ÉDITIONS

ABAUR (Paul). — **Madame Mazurel,** contes physiologiques. 1 vol. in-18 . . . . 3 fr
AMAUDRU (Noël). — **L'Abbé de Watteville.** 1 volume in-18. 3 fr
BARBE (Daniel). — **Député.** 1 volume in-18. . . . . . . 3 fr
BAZALGETTE (Léon). — **L'Esprit nouveau dans la vie artistique, sociale et religieuse,** un vol. in-18. . . . 3 fr
BERTHAUT. — **Quand même,** roman patriotique. 1 volume in-18. 3 fr
BIGEON (Armand). — **Suzette** *(Scènes du Quartier Latin).* 1 vol. in-18. . . . . 3 fr
BIGEON (Armand). — **Daniel,** roman. in-18. . . . . . 3 fr.
BOURNAND. — **Les Juifs et nos contemporains. L'antisémitisme et la question juive.** . . . . 3 fr.
BROUSSEAU (Georges). — **Par Amour et par Orgueil.** in-18. 3 fr
CHAFFAULT (du). — **Histoires courtes.** in-8 . . . . . . 3 fr.
CONSTANT. — **Le Christ, le Christianisme et la religion de l'avenir** . . . . 3 fr.
CONTENT (Victor). — **Une spoliation.** 1 vol in-18. . . . 3 fr.
DATIN (Henri). — **Sur la plage.** — 1 vol. in-8. . . . . 3 fr.
— **Une femme fin de siècle.** 1 vol. in-18. . . . . 3 fr.
DELORME. — **Disgrâciée.** In-18. . . . . 3 fr.
DUBUS. — **Les Trois Noblesses.** 1 vol. in-18. . . . . 3 fr.
DUHAMEL. — **Journal d'un défroqué.** . . . . 3 fr.
FACIEU. — **Florina.** In-18. . . . . 3 fr.
FACIEU. — **Courouge ou la guillotine perfectionnée** . 3 fr.
GAEL — **Sœur aînée** . . . . 3 fr.
GRENDEL (Paul). — **Fée Mab.** 1 vol. in-18. . . . . . . 3 fr.
GROS — **Sacs à Juifs.** . . . . 3 fr
HUOT (le Dr L.). — **Vasanga,** nouveau roman des mœurs malgaches. 1 vol. in-18. . . . . 3 fr.
LACOUR (Paul). — **L'Epouse.** 1 vol. in-18. . . . . . . 3 fr.
— **Chagrin d'amour.** 1 vol. in-18. . . . . 3 fr.
— **Eva.** 1 vol. in-18. . . . . 3 fr.
LEXPERT. — **Racontars de wagon.** In-18 . . . . . . 3 fr.
MONNIOT (Albert). — **Souvenirs d'un Bleu.** 1 vol. in-18. 3 fr.
MONNIOT. — **Frères d'armes,** roman franco-russe. gros in-18 de 640 pages. . . . . 4 fr.
ROYER (de). — **Y a-t-il une noblesse française ?** . . . 3 fr.
ROYER (de). — **Nous avons une noblesse française.** in-8 5 fr.
SENNEVAL. — **Haine aux Anglais.** 1 vol. in-18. . . . . 3 fr.
THIRION (E.). — **Mémoires d'un Marchand de tabac.** In-18. . . . . 3 fr.
THIRION. — **Le Mari de Miss Parker,** un vol. in 18 . 3 fr.
VATEL (P. J.). — **Mémoires d'un Garçon d'hôtel.** 1 vol. in-18. . . . . 3 fr.
VAUDEMONT. — **Confessions d'une Orpheline.** . . . . 3 fr.

ISSOUDUN. — IMPRIMERIE L. SERY.

www.ingramcontent.com/pod-product-compliance
Ingram Content Group UK Ltd.
Pitfield, Milton Keynes, MK11 3LW, UK
UKHW031836260826
14628UKWH00001B/426

9 782019 675486